특명! 경제 뮤지컬 만들기

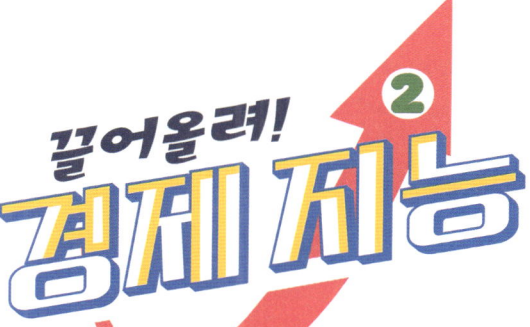

끌어올려! 경제 지능 ②

특명! 경제 뮤지컬 만들기

글 김성준·장미선
그림 김성영

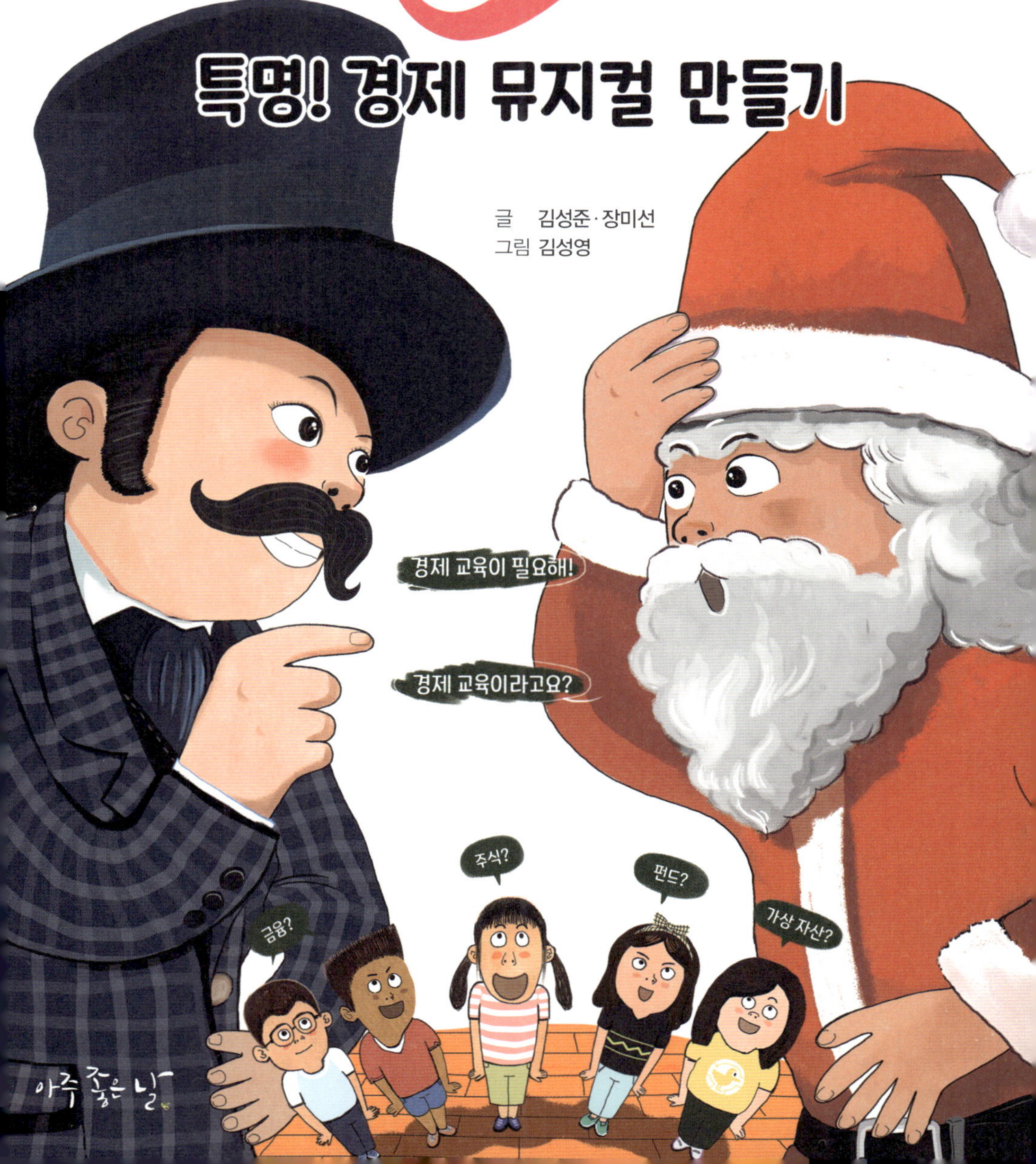

들어가며

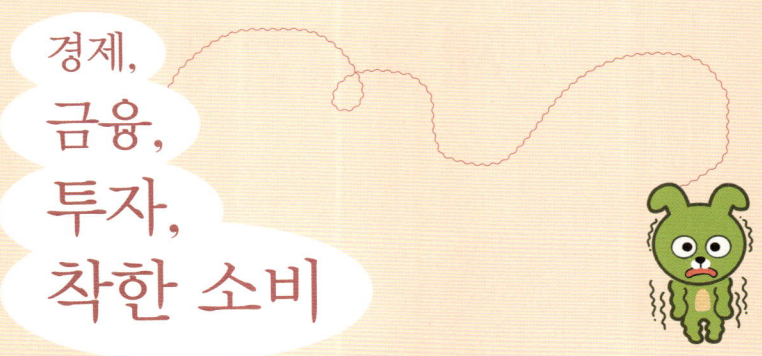

경제, 금융, 투자, 착한 소비

 듣기만 해도 어려운 말 같아요. 하지만 어른들은 자주 말씀하시곤 하지요. 또 뉴스나 신문에서도 자주 보거나 듣는 말이에요. 그렇지만 나와는 전혀 상관없는 일이라고 생각하는 어린이들도 있을 거예요. 과연 그럴까요?

 많은 어린이들이 매월 혹은 매주 날짜를 정해서 용돈을 받아요. 물론 설날이나 추석, 생일 등에 불규칙적으로 용돈을 받는 친구들도 있지요. 누구나 용돈을 받기 전부터 용돈을 받으면 어떻게 사용할지 고민하게 돼요. 부모님 말씀대로 저금할까? 아니면 필요한 학용품을 살까? 이번 달에 생일이 있는 친구 선물을 사야 하나? 그것도 아니면 평소 갖고 싶었던 캐릭터 상품을 살까? 등등 다양한 고민을 하게 된답니다. 지금 내가 가지고 있는 돈은 정해져 있고, 그 돈으로 하고 싶은 일은 늘 많은 법이니까요. 이런 선택과 고민을 한다는 것 자체가 바로 여러분이 이미 경제생활을 하고 있다는 뜻이에요.

또, 가끔은 하고 싶은 일에 비해 돈이 부족할 때 청소와 같은 집안일을 돕거나 심부름 등을 해서 용돈을 벌기도 하지요. 이처럼 나이가 어리다고 해서 여러분이 경제활동을 하지 않는 것은 아니랍니다.

이 책의 이야기에는 여러분처럼 평범한 아이들이 등장해요. 이 아이들은 학예회에서 연극을 하려고 하지요. 그런데 좀 특별한 경제 연극이에요. 연극을 준비하기 위해 누군가는 인터뷰를 통해서 투자가 무엇이고 주식이 무엇인지 알게 되고, 누군가는 체험 부스를 찾아 금융은 무엇인지, 미래산업에는 어떤 것이 있는지 등에 대해 알게 되지요. 그 과정에서 자신의 강점과 적성에 대해 생각해 보게 되고, 자신의 진로에 대해 고민하게 된답니다. 결국 경제활동이란 자신의 진로와 떼려야 뗄 수 없는 것이니까요.

어른들 중에는 '어릴 적부터 경제 교육 혹은 경제활동에 조금만 더 관심을 가졌더라면' 하고 후회하는 경우가 종종 있어요. 물론 그런 후회 속에는 더 많은 부를 누리고 싶다는 마음이 담겨 있겠지만 그것뿐만이 아니랍니다. 정해진 수입 안에서 지혜롭게 소비하고 미래를 위해 저금도 해 놓아야 하니까요.

더욱이, 경제활동이란 결국 다양한 직업 활동이 어우러져서 이루어지는 것이에요. 경제활동에 관심을 가지게 되면 평소에 우리가 접하지 못했던 직업들에 대해 알게 되기도 한답니다. 어쩌면 어른들의 그런 후회 속에는 본인의 적성과 특성에 맞는 진로를 선택하지 못한 아쉬움이 담겨 있기도 하지요.

물론 지금의 직업과 여러분이 어른이 되었을 때의 직업에는 큰 차이가 있을 거예요. 하지만 꾸준히 경제활동에 관심을 가진다면 미래에는 어떤 직업이 유망한지 알게 되어, 나의 성격과 강점, 적성에 맞는 진로를 결정하는 데 도움이 될 것입니다.

'세 살 버릇이 여든까지 간다'는 속담처럼, 경제에 관해 알면 나의 미래를 설계하는 데 큰 도움이 된답니다.

이 책이 여러분에게 경제라는 너무나 가깝지만 조금은 어려워 보이는 세계에 한 발 내디딜 수 있는 계기가 되기를 기대해 봅니다. 이 책을 읽은 모든 어린이가 자신의 꿈을 찾고 이루기를 진심으로 기원합니다.

마지막으로, 어린이 여러분과 여러분 가족 모두 대박 나세요!

김성준·장미선

차례

들어가며 : : 4

우리 집이 망했다고? : : 10

학예회 : : 20

진로·직업 박람회 : : 36

모의 주식 게임 : : 60

용돈과 나눔 장터 : : 82

학예회 대표 : : 94

우리 집 대박 사건 : : 108

나오며 : : 118

우리 집이 망했다고?

"다녀왔습니다. 드! 디! 어! 행복한 나의 집!"

민서는 언제나처럼 '행복한 나의 집' 노래를 부르면서 집에 들어섰어요.

"왜 이렇게 조용하지? 아무도 없나? 아이, 깜짝이야!"

집 안을 둘러보던 민서는 동생 민호가 불도 켜지 않은 채 거실 구석에 쭈그려 앉아 있는 모습을 보고는 깜짝 놀랐어요.

"왜 그러고 있니? 너 또 게임 졌냐?"

"무슨 소리야? 게임 안 했거든!"

"게임도 안 했는데 왜 그러고 있어?"

민서가 답답하다는 듯이 물었어요.

"나는 맨날 게임만 하는 줄 알아?"

"그럼, 왜 그러고 있는데? 이 누나한테 속 시원하게 이야기해 봐. 우정, 연애, 뭐든……. 내가 해결해 줄게."

"아휴, 시끄러워! 말할 틈은 주지도 않으면서 말하라고만 하고. 남은 속이 터지는데……."

민호는 짜증이 잔뜩 난 목소리로 말했어요.

"알았어. 조용히 있을게. 말해 봐, 어서."

팔짱을 끼고 고개를 살짝 기울인 채 민호의 말을 기다렸어요.

"그게……. 우리 집 망했나 봐."

우물쭈물하던 민호가 드디어 말문을 열었어요.

"그게 무슨 말이야? 우리 집이 망하다니? 무슨 말도 안 되는 소리를……."

민서가 펄쩍 뛰며 말했어요.

"말도 안 되는 소리가 아니라니까. 내가 어젯밤에 자다가 깨서 안방을 지나다가 들었다고. 아빠가 힘없는 목소리로

'망했네, 어쩌네' 하셨단 말이야."

"그래? 아빠가 정말 그렇게 말씀하셨단 말이야?"

민서는 고개를 좌우로 갸우뚱거리며 물었어요.

"그래! 우리 집 진짜 망해서 드라마에 나오는 것처럼 텔레비전이며, 냉장고에 빨간 종이 막 붙고 그러는 거 아닐까? 우리는 울면서 트럭 타고 지하의 작은 방으로 이사 가고……. 그러면 진짜 어떡하지?"

알 수 없는 표정으로 민호의 이야기를 듣고 있던 민서는 더 이상은 못 참겠다는 듯 큰 소리로 웃기 시작했어요.

"푸하하하하. 더는 못 들어 주겠다. 너, 어디서 그런 이상한 드라마를 봤어? 우리 부모님이 얼마나 계획적인 분들인데 망하다니, 그건 말도 안 돼! 게다가 두 분 다 탄탄한 직장에 다니시잖아. 그런 우리 집에 갑자기 경제적인 문제가 생길 수 있어? 마른 하늘에 날벼락이지. 우리 부모님이 누구셔? 직장 좋고 인품 좋기로 소문난 분들이시잖아. 직장에선 임원이시고, 동네에선 봉사 잘한다고 칭찬이 자자하신……."

"역시 그렇지? 나도 그럴 것 같다고 생각은 했는데…….

아빠의 말이 계속 마음에 걸려서 말이야. 아침에 엄마 표정도 안 좋고."

"월요일 아침에 다들 그렇잖아. 주말에 쉬다가 일하려니 더 피곤하게 느껴져서 그러신 걸 거야. 너도 월요일엔 학교 가기 싫지? 부모님도 마찬가지이실걸. 암튼 그렇게 걱정되면 이따가 내가 부모님께 여쭈어볼게. 그러니까 너무 걱정하지 말고 태권도장이나 어서 다녀와."

저녁이 되었어요. 언제나 당당한 민서였지만, 막상 부모님께 걱정스러운 일을 여쭈어보려니까 어떻게 해야 할지 막막했어요. 평소에는 잘 살피지도 않던 부모님 표정만 살피고요. 그런다고 해서 기분이 좋으신지 나쁘신지 알 수는 없었지만 말이에요.

'누나 노릇하는 게 왜 이렇게 힘든지…….'

민서는 세상에 쉬운 게 하나도 없는 것 같았어요.

식사 시간이 되어 모두들 식탁에 둘러앉았어요. 그런데 뭔지 모를 이상한 분위기가 흐르는 것 같았어요. 식사가 끝날 무렵, 대신 물어봐 주겠다던 민서가 아무 말도 하지 않자, 민호가 슬슬 눈치를 주었어요. 민서는 그제야 결심한 듯 고개를 까닥이더니 조심스럽게 입을 열었어요.

"혹시 우리 집 이사 갈 계획이 있나요?"

"이사? 왜? 이사 가고 싶어?"

엄마가 어리둥절한 표정으로 되물었어요.

"그건 아닌데, 혹시 계획하신 게 있나 해서요?"

"그럴 계획은 전혀 없어. 너희들 학교 다니기도 편하고, 엄마, 아빠 출퇴근도 편하고, 상가나 학원들도 근처에 다 있어서 아빠는 이만하면 되었다 싶은데……. 우리 민서 혹시 친구들이랑 무슨 문제 있니? 그래서 이사 가고 싶은 거야? 학교에서 힘든 일 있어?"

아빠가 진지한 목소리로 물으셨어요.

"아니요. 그건 절대 아니에요. 뭐라고 말씀드려야 하지? 음……."

잠시 고민하던 민서가 말을 계속 이어 갔어요.

"어젯밤에 민호가 화장실 가다가 안방에서 두 분이 하시는 이야기를 들었는데……."

"이야기? 무슨 이야기?"

"뭐……. 망했다, 어쨌다 하시는 걸 들었대요. 우리 집에 무슨 문제가 생겼다면 저희도 알고 있어야 될 것 같아서요. 휴~."

질문을 마친 민서는 한숨을 크게 내쉬고 엄마와 아빠를 번갈아 쳐다보았어요. 민호도 누나를 따라 부모님을 쳐다보았어요.

그러자 엄마가 아빠에게 핀잔을 놓았어요.

"그러니까, 여보! 내가 애들이 듣든 안 듣든 말조심하라고 했지요?"

"이런! 또 내가 잘못했나 보네. 허허."

아빠는 겸연쩍다는 듯이 웃으며 말씀을 이어 갔어요.

"그게……. 사실 아빠는 어떻게 해서든지 조금이라도 재산을 늘릴 생각을 하고 있거든. 그래서 여윳돈 생긴 걸로 펀드에 가입했는데, 재산을 늘리기는커녕 손해가 생겼어. 그래서 가입한 펀드라는 금융상품이 망했다는 말이었어. 망했다고 말하면 또 오해할 수 있으니, 더 정확히 말하면 예상했던 이익이 생기지 않고 손해를 봤다는 거지."

"정말요? 그럼 이사 안 가도 되는 거예요?"

"물론이야. 아빠가 판단을 잘해서 안정적인 정기예금이나 정기적금을 했다면 손해는 안 봤을 텐데, 이자 많이 받겠다고……. 괜히 욕심내다가 오히려 손해만 봤어."

"그게 말이지, 정해진 기간 동안 은행에 돈을 맡기고 이자를 받는 예금이나 적금과는 달리 펀드는 수시로 사고팔 수 있는 금융상품이야. 전문가에게 돈을 맡기고 대신 투자해서 큰 이익을 내길 기대하는 거지. 그런데 이번엔 예상이 빗나가서 손해를 본 거야. 사실 작년에 펀드에 투자할 때 계획은 올해쯤 거둔 수익으로 가족끼리 해외여행을 갈 계획이었어. 그런데 계획대로 되지 않았다는 얘기를 아빠가 엉겁결에 망했다고 한 거란다. 그게 성공해서 이익이 났으면 우리 모두 즐겁게 여행을 했을 텐데, 쯧쯧쯔."

엄마의 친절한 설명이 덧붙여졌어요.

"망한 거 맞는 거 같은데요."

민서가 갑자기 진지한 목소리로 말했어요.

"맞아요. 해외여행을 못 가다니…….."

안심이 되었는지 그제서야 민호도 맞장구를 쳤어요. 하지만 이내 웃음을 띠며 이렇게 말했어요.

"그래도 우리 집이 망한 건 아니니까, 괜찮아요."

"정말 괜찮은 거 맞아? '누나! 우리 집 망하면 어떡해?' 하던 모습을 엄마, 아빠도 보셨어야 하는데…….."

"누나, 조용히 해!"

민서가 갑자기 오후에 보았던 민호의 흉내를 내자 민호가 씩씩거리며 민서를 노려보았어요.

"둘 다 그만! 밥 다 먹었으면 민서는 단원평가 준비하고, 민호는 수학익힘책 62쪽마저 풀고 채점해. 어서! 에고, 신나는 가족여행도 물거품이 됐는데 너희라도 공부 잘해야 이다음에 엄마, 아빠 해외여행 보내 줄 거 아니야?"

남매의 다툼을 언제나처럼 엄마가 가볍게 정리해 버렸답니다. 민서도 여행을 못 가는 건 아쉬웠지만, 내심 집이 사라지지 않은 것만으로도 안심이 되었어요. 그리고 아빠를 실망시킨 펀드가 뭔지 궁금해졌습니다.

학예회

선생님이 칠판에 커다랗게 학예회라고 쓰셨어요.

"2학기에 학교에서 학예회가 있는데 우리 반은 어떤 걸 준비할까?"

선생님 말씀에 아이들은 웅성대기 시작했어요. 그러자 선생님께서 다시 물으셨어요.

"우리 반 전체가 다 같이 공연을 하는 게 좋을까? 아니면, 하고 싶은 학생들이 대표로 하는 게 좋을까? 자유롭게 얘기해 보자. 선생님이 오늘은 여러분의 의견을 무조건 따를 거니까……."

"전체요."

"대표요."

여기저기서 말하는 소리가 들려왔어요. 하지만 선생님이 "이유를 말해 볼 사람?" 하고 물으셨을 때는 다들 조용해졌어요. 그때 수하가 손을 들고 이야기를 시작했어요.

"이번에는 대표들만 뽑아서 하는 게 어떨까요? 전체로 하는 것은 이미 저학년 때 여러 번 해 봤는데, 하기 싫은 친구들이 억지로 참여하니까 하고 싶은 친구들과 의견이 맞지 않아 불편해요. 또 스스로 못한다고 생각하는 친구들은 연습에 개인 시간을 많이 빼앗기게 되니까 더 하기 싫어하는 것 같아요."

여기저기서 "맞아! 맞아!"라는 말이 들려왔어요. 하지만 더 이상 발표하는 아이가 없자 선생님께서 말씀을 이어 가셨어요.

"대부분이 대표를 뽑아서 하는 것을 원하는 것 같으니까 선생님은 그렇게 진행해 보려고 해. 그런데 혹시 대표로 나오는 학생들이 없거나, 잘하지 못하면 어떻게 하지? 그래도 우리 반 대표인데 부끄럽지는 않아야 할 거 같은데…….”

이번에는 현준이가 손을 들고 자신의 의견을 이야기했어요.

"선생님! 그러면 오디션? 경연? 뭐라고 불러야 좋을지 모르겠지만, 아무튼 우리 반 대표를 뽑는 시합을 하는 건 어떨까요? 그래서 선발된 친구들을 내보내는 거예요. 그런데 대표로 뽑을 만한 친구들이 없다면 그때 전체로 나가는 걸 준비해도 되지 않을까요?"

현준이의 말에 여기저기서 "좋아요, 좋아!" 하면서 박수가 나왔어요.

그러자 선생님이 "너희들 경연을 핑계로 장기 자랑 겸 파티를 할 생각에 좋다고 하는 것 같은데…….”라고 말씀하시며 좌우로 아이들을 둘러보셨어요.

그러자 몇몇 아이들은 들켰다는 듯이 고개를 숙이고 키득거렸어요. 그 모습을 본 선생님은 어처구니가 없다는 듯이 웃으며 다시 말씀을 이어 가셨어요.

"뭐, 그것도 나쁘지는 않지만, 장기 자랑 핑계로 자기 할

일 제대로 하지 않고 친구 집에 몰려다니면서 폐 끼치면 안 된다! 알겠지?"

학교를 마치고 민서와 친구들은 슬러시 가게에 모여 민서의 이야기를 듣고 있었어요.

"민호가 그랬단 말이야? 진짜 귀엽다."

어제 있었던 일을 이야기하자 수하가 웃으며 말했어요.

"귀엽기는……. 동생이라고 하나 있는 게 도움이 안 돼요, 도움이. 쯔쯧. 게임을 너무 많이 해서 부모님께 걱정만 끼치고……. 근데, 사실 나도 처음엔 진짜 우리 집 망한 줄 알고 엄청 겁먹었어."

민서가 손사래를 치며 슬러시를 마시기 시작했어요.

"맞아! 수하, 넌 동생이 없으니까 오히려 귀엽다는 말이 나오는 거야."

연지도 맞장구를 쳤어요.

"그나저나 민서, 너 대단하다! 나라면 우리 집이 망했다는 말을 들으면 그렇게 의연하게 행동하지 못했을 것 같은데……. 낯선 곳으로 이사 가고, 친구들이랑도 헤어져 낯선 학교에 가야 하는 상상만 해도 정신이 아득해지는데 말이야."

연지가 고개를 절레절레 흔들며 말했어요.

"응, 사실 나도 무척 겁이 났지만 우리 부모님을 믿었다고나 할까? 사업하시는 것도 아니고 워낙 계획적인 분들이니까."

민서가 고개를 까딱거리며 대답했지요.

"참! 너희들은 어떻게 할 거야? 우리 반 대표 선발에 참여할 거야?"

이야기를 듣고 있던 현준이가 잠시 대화가 멈춘 틈을 타서 오늘 학교에서 의논했던 학예회 이야기를 꺼냈어요. 경연을 하자고 의견을 냈지만 내심 아무도 참가하지 않으면 어떡하지 하는 걱정이 있기도 했거든요.

"당연히 나는 노래로!"

"당연히 나는 댄스로!"

"당연히 나는 개그로!"

민서, 연지, 태석이가 동시에 외쳤어요. 그러더니 서로를 가소롭다는 듯이 쳐다보았지요. 너희보다야 내가 낫지 하는 표정으로 말이에요.

"흠, 우리 반에 인재가 많아 경연도 재미있겠네."

자신감에 찬 아이들의 태도에 머쓱해진 현준이가 슬러시를 한 모금 마셨어요.

그 사이 아이들은 서로를 놀리기 바빴어요.

"태석이 너의 그 썰렁한 개그면 전교생이 얼지도 몰라."

"흥! 민서 네 노래엔 전교생 고막에 상처가 날지도!"

"연지, 네 댄스를 보면 안 본 사람 상 준다는 글이 학교 게시판에 도배될걸."

그때 수하가 박수를 쳐서 주의를 집중시키며 말했어요.

"우리 같이 연극을 하면 어떨까?"

"연극? 갑자기? 수업 시간에 하는 역할극 같은 거 말하는 거야?"

연지가 되물었어요.

"역할극은 아니고 정확히는 뮤지컬이라고나 할까?"

"뮤지컬이라고? 뭐 이런 거야? 더 팬텀 오브 디 오페라 이즈……. 읍!"

노래를 부르려는 민서의 입을 연지가 막는 동안 수하가 말을 이어 갔어요.

"연극에 노래나 댄스가 약간 들어가는 게 더 재미있을 것 같아서 말이야. 더 힘들 수도 있긴 하지만……."

"난 좋은 생각 같은데? 너희가 한 사람씩 참가하면 무대도 비어 보이고 경쟁력이 좀 떨어질 수도 있잖아. 그런데 우리들의 장기를 합치면 뮤지컬 느낌이 충분히 날 것 같고 승산이 있을 거 같아."

현준이도 맞장구를 쳤어요.

"오, 그렇게 이야기하니까 뭔가 솔깃한데? 사실 개그도 같이 할 누군가를 구해야 하는데, 연극을 하게 되면 굳이 그럴 필요도 없고 말이야."

태석이도 좋다는 듯이 고개를 끄덕였어요.

"너희들이 그렇게까지 말한다면야 일단 나도 참여할게. 근데 우리가 전부 출연하는 거야?"

연지가 손가락으로 동그라미를 그리며 물었어요.

"누가 출연할 건지보다는 어떤 이야기로 할 건지부터 정해야 하지 않을까? 설마 '콩쥐팥쥐', '신데렐라', '선녀와 나무꾼', ……. 뭐, 이런 건 아니지? 1학년 때 난 나무 3이었다고! 수하, 너 혹시 뭐 생각한 거 있어?"

현준이가 묻자 수하가 대답했어요.

"옛이야기도 재미있겠지만, 좀 더 의미 있게 우리가 잘 모르지만 알아 두면 좋은 이야기로 하는 게 어떨까?"

"잘 모르지만 알아 두면 좋은 게 뭘까? 상식 이야기? 퀴즈?"

"사실 아까 민서네 집 이야기 듣고 생각한 것인데, 경제 상식이나 금융, 뭐 이런 이야기를 해 보면 어떨까? 우리는 들어도 무슨 이야기인지 잘 모르는데 뉴스나 SNS 등을 통해 자주 접하게 되잖아."

수하가 민서를 보며 말했어요.

"그래, 경제가 딱이네! 우리 모두 잘 모르지만, 알아 두면 좋은 거 맞잖아? 우리 아버지도 가끔 좀 더 젊었을 때 재테

크나 금융에 대해서 공부해 둘걸 그랬다며 후회하시거든. 좋은 생각인 거 같아."

현준이가 옳다는 듯이 가볍게 박수를 쳤어요.

"경제나 금융 쪽을 하는 건 좋은데 좀 더 구체적이면 좋겠다. 그래야 자료 조사를 해도 쉬울 것 같아서 말이야."

연지가 똑 부러지게 말했어요.

"돈 이야기라면 스크루지 영감 어때? 스크루지 알지? 원래는 스크루지가 자신의 삶을 반성하는 얘기잖아? 이번에는 스크루지가 다른 사람을 가르치는 거지. 예를 들어, 명품 입은 사람에게 '사람 자체가 명품이 되어야지, 비싼 명품을 몸에 두르기만 한다고 명품이 되는 게 아니야.' 막 이러면서 얘기하는 거지. 그리고 꼭 스크루지를 인색한 스크루지로 만들 필요도 없고. 그런 걸 어려운 말로 '생각의 전환'이라고 하는데, '좀 다르게 생각해 보면 길이 보인다!', 뭐 그런 거지."

'너희들은 요런 건 생각도 못 해 봤을 거야'라는 표정으로 의기양양하게 말하던 태석이가 아이들의 떨떠름한 표정을 보자 잦아드는 목소리로 물었어요.

"좀 이상한가?"

"이상하지는 않은데 어디서 많이 듣던 대사라서 말이야."

민서가 시큰둥한 표정으로 대답했어요.

"표절이네."

"표절이야."

"표절이라니? 내 머릿속에서 순간적으로 떠오른 건데……."

친구들의 말에 태석이가 억울하다는 듯이 말했어요.

"2학년 때인가 단체 관람했던 경제 뮤지컬에서 나온 말이잖아? 용돈 아껴 쓰고, 명품보다는 합리적인 소비하라고 요정 분장하신 분이 했던 대사인데……. 그걸 기억해서 써먹는 너도 참 대단하다."

"아, 그런가? 근데 이 정도는 표절 아니지 않나? 그나저나 이야기는 어떤 거 같아?"

"아까 민서 말대로 이상하지는 않은데 주인공이 다른 사람들을 가르치는 건 좀 재미없지 않을까? 마치 수업받는 것 같아 지루하잖아."

수하의 말에 태석이가 고개를 끄덕였어요.

"아, 그럴 수도 있겠다."

"근데 아까 스크루지 이야기가 나와서 말인데. 스크루지 이야기의 배경이 크리스마스잖아? 크리스마스 하면 뭐니뭐니 해도 산타클로스 할아버지 아니겠어?"

"어, 그렇지?"

"그런데 산타클로스 할아버지는 돈이 어디서 나서 전 세계 아이들에게 선물을 주는 걸까?"

수하의 말에 태석이가 피식 웃으며 말했어요.

"산타클로스가 어디 있냐? 그거 다 부모님들이 사 주시는 거지. 요즘은 유치원생들도 다 알 턴데……."

"그래! 난 유치원생들보다도 못하다, 됐냐? 그러는 너는 어떻고! 요즘이라고 하니까, 엄청 나이 많아 보이거든! 그런데 담임 선생님께서 글 쓸 때 어차피 상상이라면 이것저것 따지지 말고 뻔뻔하게 쓰라고 하셨잖아. 당연하다는 듯이 뻔뻔하게! 아까 말했던 뮤지컬에서도 요정이 나오는데, 그렇게 따지면 요정이 어디 있니?"

"응, 그렇긴 하지."

"그러니까 산타 할아버지는 당연히 있는 거고, 크리스마스 이브의 선물도 산타 할아버지가 주는 걸로 해야지. 그런데 산타 할아버지는 어디서 돈을 벌어서 그 많은 선물을 구하는 걸까? 어떻게 돈을 유지하는 거지? 산타 할아버지는 한 명이 계속하는 걸까? 만약 이제 막 산타를 물려받은 사람이 선물을 사려고 하는데 돈이 없는 걸 발견한다면 그 문제를 어떻게 해결할까?"

"우아, 수하 대단하다! 이 짧은 시간에 어떻게 그걸 다 생각해 내는 거야? 나랑 똑같이 머리 하나인 거 맞지?"

연지의 말에 수하가 부끄러워하며 말했어요.

"왜 그래. 난 노래도, 춤도, 개그도 못하잖아. 부끄러워서 무대에도 못 서겠는걸."

"네가 안 하면 누가 해?"

현준이가 의아하다는 듯이 물었어요.

"그야 우리 반에서 모집하면 되지. 끼가 넘치는 아이들 많잖아."

수하는 주위를 둘러보며 말했어요.

"어쨌든 재밌겠다. 근데 산타 할아버지 말고 산타 총각도 재미있겠다, 그치?"

민서의 말에 태석이가 발끈했어요.

"야! 너, 나 보고 그런 거지? 나 그 정도로 뚱뚱하지 않거든?"

"아이, 왜 그래? 너 쳐다본 거 아니야. 그리고 산타 할아버지가 됐든 산타 총각이 됐든 전부 분장은 해야 하거든."

"야, 그런 작은 문제들은 일단 접어 두자고! 산타 아저씨가 될지 산타 할머니가 될지 아직 모르지만……, 산타가 왜 그렇게 되었고 어떻게 그걸 극복했는지를 이야기로 구성하면 경제 연극이 되지 않을까? 그런데 우리가 경제에 대해 잘 모르니까 각자 집에 가서 어떤 내용이 들어가면 좋을지 생각해 보고 인터넷도 찾아보자. 알아보는 내용이 겹치면 안 되니까 내일 학교에서 잠깐 만나 같이 이야기하거나 바나나톡방에서 이야기해서 조정하고……."

수하의 말에 연지가 고개를 끄덕이며 말했어요.

"좋아! 벌써부터 골치가 아프긴 하지만 좀 더 의미 있는 걸 하는 것 같아 기대가 되기도 해."

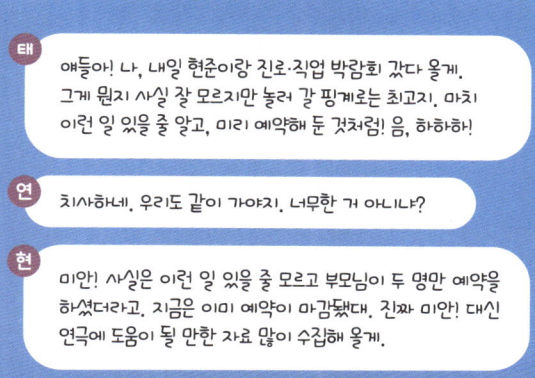

진로·직업 박람회

"왜 이렇게 덥냐? 여름이 끝날 때도 됐는데 말이야."

태석이가 진로·직업 박람회 안내도를 부채처럼 부치며 말했어요.

"그러게. 일찍 온다고 왔는데……. 사람들이 이렇게나 빨리 와 있을 줄이야."

현준이가 줄에서 살짝 벗어나, 입구에서부터 서 있는 사람들을 눈짐작으로 세며 말했어요.

"그나저나 우리 어디부터 갈까? 이것저것 체험할 게 많잖아?"

태석이가 안내도를 펼치며 말했어요.

"처음에는 무조건 '진로강점검사'부터 해 보는 게 좋다고 하던데."

안내도의 한 부분을 손가락으로 짚으며 현준이가 말했어요.

"아, 그래?"

"기억이 잘 안 나는데……. 원래 진로나 직업을 결정하는 데 중요한 건 나를 이해하는 거라고 하더라고. 내가 무엇을 좋아하고, 무엇을 잘하는지 등등 말이야."

"오, 그렇구나! 나는 다른 사람 즐겁게 해 주는 걸 좋아하는데……. 사실 그걸 잘하는지는 모르겠어."

태석이가 입을 삐쭉거리며 말했어요.

"넌 그래도 나보단 낫지. 사실 난 내가 뭘 잘하는지 잘 모르겠어. 좋아하는 건 많은데, 그게 과연 내 진로나 직업에 맞는 걸까 하는 의문이 들기도 하고. 그냥 부모님이 정해 주시는 대로만 하는 건 아닌 것 같고……."

"오! 우리 학교 최고의 모범생이자 선생님들의 자랑거리인 현준이가 나와 비슷한 고민을 하고 있을 줄이야. 왠지 기분이 좋은데?"

태석이가 실실거리자 현준이도 피식피식 웃으며 말했어요.

"너, 뭐냐? 나는 고민이라는데 기분이 좋다니……. 공감 능력 부족한 건 검사 안 해 봐도 알겠다!"

두 사람이 티격태격하는 사이에 드디어 입장이 시작되었어요. 두 사람은 다른 사람들에게 지지 않겠다는 듯 재빨리 '진로강점검사' 부스로 향했어요.

"와, 이거 시험 보는 느낌이네."

"그러게. 대충 봐도 200문제는 넘는 것 같은데?"

문제가 앞뒤로 빽빽하게 채워져 있는 검사지를 보며 태석이와 현준이가 놀라며 말했어요.

"문항 수가 많아 보이지만 20~30분만 투자해서 나의 강점을 알 수 있다면 큰 이득이 아닐까요?"

'진로강점검사' 부스를 담당하는 선생님께서 두 사람에게 컴퓨터용 사인펜을 나누어 주며 말씀하셨어요.

선생님의 말씀에 수긍이 간 두 사람은 이내 집중을 하며 한 문제씩 차근차근 풀어 나가기 시작했어요.

'나는 예술품 안에서 아름다움을 잘 찾는다.'

'나는 다른 사람들을 잘 리드한다.'

검사지에는 내가 어떤 사람인지 고민해 보게 되는 문제들이 적혀 있었어요. 그런데 막상 표시하려니 다시 생각하게 되고 아무리 생각해도 자신을 잘 모르는 것 같았어요. 태석이와 현준이는 각 문항마다 자신은 어느 정도 해당되는지, 그 정도를 5점에서 1점까지 숫자로 표시해 나갔어요. 그러다 보니 생각보다 오래 걸렸어요.

"우아, 분명 나인데······. 나를 꼭 밖에서 보는 느낌이었어요. 지금껏 나에 대해 이렇게까지 많이 생각해 본 적이 있나 싶네요."

현준이가 사인펜 뚜껑을 닫으며 말했어요. 그러자 먼저 마친 태석이가 현준이 손에 있던 사인펜을 가져다 선생님 책상 위에 올려 두며 말했어요.

"그냥 어렵다는 말을 뭘 그렇게 복잡하게 말하냐?"

그 모습을 지켜보던 선생님이 재미있다는 듯 피식 웃으며 말씀하셨어요.

"자, 이제 검사 결과를 이야기해 줄게요."

"현준아! 나 지금 떨고 있냐?"

"그러게. 이게 뭐라고 떨리냐?"

"지금은 간략하게 중요한 것만 이야기해 줄 테니 자세한 건 따로 읽어 보세요. 먼저, 전태석 학생! 학생의 최대 강점은 유머 감각과 공감 능력이며, 추천 직업으로는 개그맨, 사회복지사 등이 있어요."

"와, 현준이 너! 아까 나보고 공감 능력 없다고 했지? 쯧쯧. 이렇게 사람 보는 눈이 없을 줄이야."

"무슨! 네가 표시를 잘못한 거겠지."

둘 사이의 대화를 잠시 보고만 있던 선생님이 웃으며 말씀을 이어 가셨어요.

"다음은 양현준 학생! 학생의 강점은 논리성, 체계성이고, 추천 직업에는 코딩, AI 전문가 등이 있네요."

"와, 검사가 완전 정확하네요. 이렇게 정확해도 되는 건가요?"

현준이의 결과를 듣고, 태석이가 박수를 치며 말했어요.

"갑자기 왜 그런 말을……?"

선생님이 어리둥절해하자 태석이가 말을 이어 갔어요.

"현준이 결과지 좀 보세요. 논리성! 체계성! 이게 기계지 사람인가요? 저처럼 공감 능력이나 유머 감각이 있어야 사람이지. 현준이가 인간미 없다는 걸 정확히 나타내잖아요?"

그러더니 만화영화에 나오는 대사를 따라 하며 현준이를 놀렸어요.

"어서 정체를 밝혀라! 기계 제국의 스파이야."

태석이의 말에 현준이는 어처구니없다는 표정을 짓더니

이렇게 되받아쳤어요.

"그래, 기계 인간의 공격을 받아라!"

그러곤 태석이 등을 툭 치더니, 검사를 해 주신 선생님께 꾸벅! 인사를 하고 도망치듯 자리를 벗어났어요.

둘은 진로 특강을 하러 유명 개그맨 아저씨가 왔다는 이야기를 듣고 그곳으로 찾아갔어요. 태석이가 다른 사람을 재밌게 해 주는 데 관심이 많기도 하고, 텔레비전에서만 보던 연예인 아저씨를 가까이에서 직접 보는 것은 새로운 경험이기도 했으니까요.

"그러니까 개그맨에겐 재미있게 생긴 얼굴도 재능이에요. 몇몇은 부러워하기도 한답니다."

"하, 아쉽네! 내가 얼굴엔 재능이 없네."

태석이가 전혀 아쉽지 않은 표정으로 말했어요.

"아닌데? 재능은 충분한 것 같은데……. 아니, 넘치지 넘쳐!"

현준이가 웃음을 참으며 말했어요.

"인간미 없다고 했다고 억지로 웃기려고 하지 마라. 그건 내 영역이야."

둘이 속닥거리며 티격태격하는 중에도 개그맨 아저씨는 계속 말을 이어 갔어요.

"사실 개그맨에게 가장 중요한 것은 연기력이에요. 개그를 아무리 재미있게 구성해도 그것을 표현할 수 있는 능력이 없으면 소용이 없거든요. 그리고 그렇게 구성한 개그를 혼자 하는 경우는 드무니까, 개그를 완성하기 위해선 작은 역할을 맡는 누군가가 꼭 필요하다는 사실도 이해할 수 있어야 하죠."

어느새 진지해진 태석이가 연신 고개를 끄덕이며 수첩에 중요한 내용을 적어 나가기 시작했어요.

강연이 끝나자 둘은 체험 부스로 이동했어요.

"미래산업에 관한 부스들이 많은 것 같아. AI, 코딩, 전기차, 인공지능, 로봇공학, 우주산업, 바이오산업 등등 말이야."

"아무래도 우리가 어른이 되었을 때는 지금 미래산업이라고 부르는 분야의 직업들이 많은 부분을 차지할 테니까, 당연하겠지? 신문에도 보면 미래에 없어질 직업들 얘기가 나오고 그러잖아? 그런데 잘못하다가는 공부도 로봇이 더 잘하는 거 아닐까? 겁나지 않아? 그러다 로봇이 사람들을 지배하면 어떻게 해?"

"그러게. 마트 직원, 매표소 직원, 은행원 같은 직업들이 실제로 사라질지는 알 수 없지만, 변화가 많이 생기는 건 분명할 것 같아. 아무튼 우린 어디부터 가 볼까?"

"나는 우선 코딩으로 로봇의 움직임을 조정하는 곳부터 가 보고 싶어."

"오, 역시! 기계 제국의 스파이답군. 부하들을 지구로 불러들이려는 거겠지? 그렇다면 지구 용사인 나는 너의 공격을 드론들로 막아 보겠어. 뉴스에서 드론들이 탱크 잡는 거 봤지?"

"그래, 그것도 재미있겠네. 시간 되는 대로 하나씩 해 보자."

현준이와 태석이는 먼저 코딩과 로봇공학 부스로 향했어요.

"오! 로봇 하면 두 발로 움직이는 로봇만 생각했었는데, 그것만 있는 게 아니구나!"

"그러게. 산업용 로봇 팔은 사람들이 힘들어하는 반복적인 작업을 쉬지 않고 해 준대. 이래서 사람들의 일자리를 로봇이 차지한다는 이야기가 나오는 것 같아."

"저것 봐 봐! 실제로 다른 나라에 지진이 났을 때 사람들이 들어가지 못하는 좁은 공간에 들어가서 인명을 구조했던 로봇이래."

"와! 겉면에 나 있는 저 긁힌 자국들이 훈장처럼 보인다."

"멋있네. 사람은 아니지만 저런 게 영웅이지. 방사능 유출 지역에서 활동하는 로봇도 마찬가지고 말이야."

현준이와 태석이는 드론 부스도 체험했어요.

"드론으로 산이나 계곡 등에서 고립된 사람들을 찾거나 의약품을 전달하기도 하나 보네."

"응. 교통이 불편한 섬 지방에 필수품 등을 전달하는 역할도 한대. 덕분에 휴대전화 수리하는 데 2~3일이 걸리던 걸 몇 시간이면 할 수 있게 됐대."

"탱크 공격하는 거 보고 솔직히 무섭다는 생각도 들었는데, 확실히 어떻게 사용하는지가 중요한 거 같아."

"그런데 너, 드론 조정 정말 못한다. 그렇게 조정하다가는 휴대전화 바다에 빠뜨리겠다."

모니터 속에서 비틀거리며 날아다니는 현준이의 모의 드론을 보며 태석이가 낄낄거렸어요.

"에이! 처음이니까 그렇지, 뭐. 너도 해 봐."

"이게 뭐 그렇게 어렵다고. 평소 온갖 게임으로 단련된 이 몸이 시범을……. 어, 이게 왜 안 되지?"

그다음으로는 가상현실(VR) 부스로 달려갔어요. 특수 안경을 쓰면 가상현실 세계가 보이는데, 비행훈련 시뮬레이션이 3D로 펼쳐져 비행기 조종사 훈련에 큰 도움이 될 것 같았어요. 현준이와 같은 안경을 쓴 태석이는 신나하더니, 조금 후 싫증이 났는지, 현준이를 사물인터넷 부스로 데려갔어요.

"혼자 사는 사람의 움직임, 전기나 전등 사용량 등을 사물인터넷 기술로 분석하여 위험을 자동으로 알려 주다니……. 혼자 사시는 할머니, 할아버지께 특히 좋겠다."

"기술의 발달이 비인간적인 줄만 알았는데, 이건 너무나 인간적이다."

이번엔 자동차 부스로 왔어요.

"자율주행 자동차네. 아빠도 가끔씩 이 기능을 사용하시던데……. 난 좀 무섭더라고."

"운전을 자동차에 완전히 맡기기에는 아직 불안하지. 하지만 좀 더 기술개발이 되면, 나중에는 그게 더 안전하다고 생각하는 날이 오지 않을까? 영화에서 나오는 것처럼 말이야."

"아, 그래? 그럼 영화에서처럼 자동차가 막 날아다닐 수도 있겠네?"

"그건 다른 문제 같은데? 어? 태석아, 이것 좀 봐! 전기차가 발명된 지 100년이 넘었대."

"그러네. 난 최근에 발명된 건 줄 알았는데……."

"무거운 배터리와 충전 시간 등의 문제로 사라졌다가 환경오염 문제가 심각해지면서 다시 연구가 활발해졌대."

"근데 그건 지금도 문제 아닌가?"

"네, 맞아요. 전기차는 앞으로 가볍고, 오래가고, 안전하며 빠른 충전이 가능한 배터리 개발이 관건이지요."

자동차 부스를 안내하시는 분이 친절하게 설명해 주셨어요.

"우리 관심사들은 대충 다 본 거 같으니까 이제 본격적으로 조사를 하러 가 볼까?"

하루 은행, 신기 증권 등의 부스가 보이자 현준이가 태석이의 팔을 끌었어요. 은행원으로 할 수 있는 여러 체험들이 기다리고 있었어요.

간단한 지폐 계수기도 사용해 보았지요.

"이건 진짜 돈 아니지요? 이렇게 많은 돈은 처음 만져 봐서요."

태석이가 욕심이 난다는 듯 눈을 반짝이며 물었어요.

"허허허. 참 솔직하고 재미있는 학생이군요. 당연히 진짜가 아니죠. 실제 지폐와 같은 재질의 모형 지폐를 사용한답니다."

은행 부스를 안내하시는 분이 모형이라고 적혀 있는 지폐의 뒷면을 보여 주셨어요.

"이거 가져가서 사용하면, 위조지폐범이라고 포돌이 형님이 가정방문 오겠는걸."

둘은 입출금통장을 만들어 보기도 했어요.

"어차피 모형이니까 100억쯤 입금하는 걸로 할까?"

"그 숫자, 들기만 해도 기분 좋은데……."

모형이기는 하지만 금고에도 들어가 보았어요.

"와! 금고 털이범쯤은 돼야 이런 데 들어와 볼 수 있을 줄 알았는데……."

"은행 문턱이 그리 높은 건 아니에요. 나중에 은행에 취업할 수도 있잖아요? 은행 안에선 다양한 일들이 이루어지고 있답니다. 고객 응대부터 금융 상담, 외환 업무, 영업 등등."

"크흠, 그게……. 제가 또 다른 꿈을 가지고 있기도 하고, 숫자에도 약하고, 게다가 은행 취직하려면 공부도 열심히 해야 한다고 해서요. 저한테는 무리예요, 무리! 하하."

"그런데 다른 것은 대충 알 것 같은데 외환 업무는 뭐예요?"

태석이의 넉살을 보고 있던 현준이가 물었어요.

"우선 우리나라는 원화를 사용하지요? 그런데 미국은 달러화, 일본은 엔화를 사용해요. 이처럼 나라마다 각각 다른 화폐를 사용한답니다. 그런데 외국의 화폐와 우리나라의 화폐가 서로 가치가 다르고 우리나라 화폐로는 외국에서 물건을 사거나 할 수 없어서 외국 돈이 필요할 때가 있잖아요?"

"아! 알겠어요. 해외여행 가기 전에 환전하는 걸 말씀하시는 거지요?"

현준이가 뭔가 알겠다는 듯이 되물었어요.

"맞아요. 여러분이 아는, 은행과 개인 간의 거래 말고 다른 나라 기업과의 거래나 심지어 국가 간의 거래도 있을 수 있답니다. 무역을 중심으로 하는 우리나라에서 외환 업무는 매우 중요한 일이지요."

약간 어려운지 얼굴을 살짝 찡그린 채 설명을 듣고 있던 태석이가 손바닥 모양이 그려진 기계를 발견하고 눈을 반짝였어요.

"이건 뭐예요?"

"이건 장정맥 센서라고 하는데, 손바닥의 혈관을 이용하여 본인이 맞는지 확인하는 장치예요."

"아, 부모님이 지문으로 휴대전화를 여시고 얼굴 인식으로 계좌이체 하시는 건 본 적 있는데……. 그거랑 비슷한 건가 봐요."

현준이가 알은체하자 태석이도 맞장구를 쳤어요.

"네! 저도 아빠가 헌혈하실 때 신분증 없이 엄지손가락만으로 신분 확인이 가능했다는 이야길 들었는데……."

"맞아요. 개인을 구별할 수 있는 신체의 여러 정보로 본인임을 확인하는 장치라는 점에서 비슷하다고 할 수 있지요. 통틀어서 바이오센서라고 부르기도 해요. 바이오산업이 뭔지는 알지요?"

"네, 대충이요. 약이나 화장품 만드는 것만 해당되는 줄 알았는데 이런 것도 포함되는군요? 처음 알았어요."

현준이가 호기심에 찬 얼굴로 대답했어요.

"생명체를 이용한 모든 산업이니, 범위가 무척 넓지요."

"아, 그렇구나! 그런데 여기 입구에 금융의 모든 시간이라고 쓰여 있던데 금융이 뭐예요?"

"금융은 쉽게 설명하면 돈이 원활하게 움직이도록 하는 활동을 말해요. 지금 진로·직업 박람회에 많은 회사들이 참여하고 있잖아요? 그 회사들의 목적은 무엇일까요?"

"음, 자기네 회사를 홍보하는 것? 그러니까 홍보를 해서 돈을 많이 버는 것 아닐까요?"

현준이가 자신 있게 대답했어요.

"맞아요. 모든 회사들은 결국 제품이나 서비스를 개발하고, 그걸 팔아서 얻은 수익으로 회사를 운영하게 되잖아요? 직원 월급도 주고 재료도 사고 하면서 말이에요. 그런데 회사를 운영하다 보면 돈이 부족할 수도 있고 남을 수도 있어요. 돈이 부족할 때는 은행 등에서 빌리고 남을 때에는 다시 증권회사 등을 통해서 다른 곳에 투자하기도 하지요. 이렇게 돈이 원활하게 흘러가도록 하는 것이 바로 금융이랍니다."

"그럼, 우리가 저축하는 것도 금융이겠네요? 부모님이 집을 사기 위해서 돈을 빌리는 것도요."

"맞아요. 저축은 중요한 금융 활동 중 하나예요. 고객들이 저축한 돈을 금융기관에서는 돈이 필요한 회사에 빌려줘요. 회사들은 그 돈으로 다시 회사를 운영하고, 그 대가로 저축한 고객들은 정해진 이자를 받죠. 이런 식으로 돈이 꾸준히 흘러가야 경제가 꾸준히 성장하고 발전하는 것이에요."

"뭔가 굉장히 체계적이네요. 아이코! 질문하고 싶은 게 아직 많은데 시간이 벌써 다 되었네요. 너무 아쉬워요."

현준이가 부스 체험 시간이 끝나는 게 아쉬운 듯 시계를 힐끗 보았어요. 열심히 메모하던 태석이도 안타까운 표정을 짓는 건 마찬가지였어요.

"그런데 산타 할아버지도 직업이 있는 거 아니야?"

모든 체험을 마치고 나와 공원의 긴 의자에서 간식과 물을 먹던 현준이가 태석이를 보며 말했어요.

"직업? 산타 할아버지 직업이 뭔데?"

"세상에 하나뿐인 직업이기는 하지만 산타 할아버지도 직업이라면 직업 아닐까? 그리고 좀 더 자세히 살펴보면 초능력을 가진 순록을 키우는 목축업자, 그 많은 선물을 고르고 포장하는 선물 전문가, 또 엄청난 선물을 국제적으로 배달하는 유통업자……. 뭐, 이런 거 아닐까?"

"그럴듯하기는 한데, 산타 할아버지가 그 빨간 옷 입고, 순록 우리 치우는 일을 한다고 생각하니까 좀 웃기긴 하다."

"크흐흐, 그렇기는 하지?"

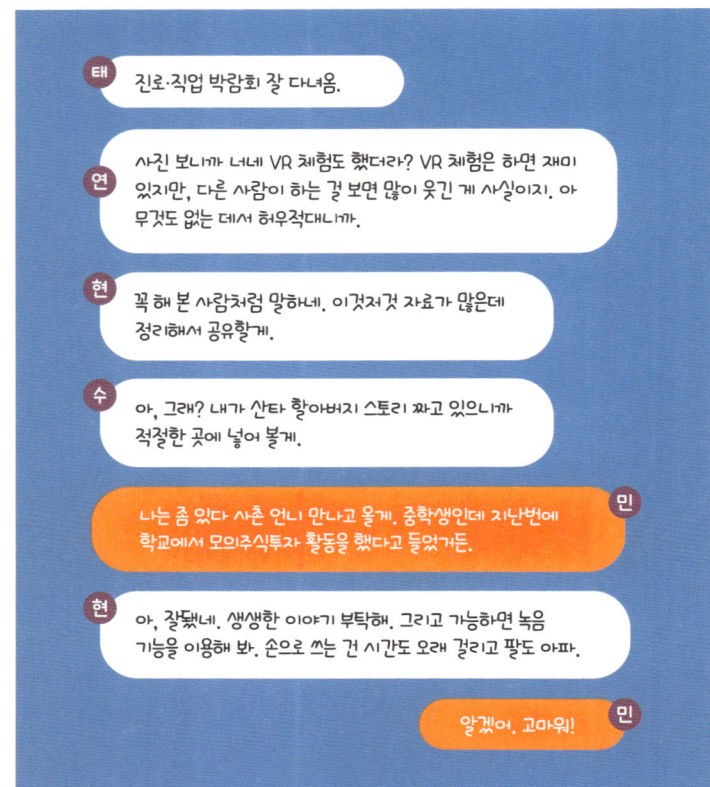

모의 주식 게임

"넌 못 가! 이번에는 나만 갈 거야."

민서가 따라나서려는 민호를 말리며 말했어요.

"그래, 이번에는 네가 양보하렴. 지난번에 친척 형들이랑 축구하러 갈 때 누나는 안 갔잖니?"

엄마가 말씀하시자 민호가 토라진 듯 말했어요.

"치! 나도 조은이 누나 좋은데……."

"좀 있으면 명절이니까 그때 보면 되잖아? 난 숙제하러 가는 거라서 너는 가도 재미없어. 대신 내 노트북 한 시간 쓸 수 있게 허락해 줄게."

"앗싸! 누나 잘 다녀와."

민호가 한 번도 토라진 적 없다는 듯이 밝게 인사했어요.

"대신 아무것도 다운로드 받지 마. 지난번처럼 노트북 망가지면 절대 안 돼. 연극에 쓰려고 내가 작곡해 놓은 것들 사라지면 큰일 난단 말이야."

"알겠어! 약속~."

겨우 동생을 떼어 놓고 민서는 조은 언니네 집으로 향했어요. 조은 언니가 민서를 반갑게 맞아 주었지요. 둘은 음료수와 과자가 놓여 있는 작은 테이블 주변에 앉아 이야기를 나눴어요.

"네, 오늘은 주식전문가 유조은 님을 자리에 모셨습니다."

민서가 녹음기를 켜서 조은 언니 곁으로 놓으며 장난스럽게 말했어요.

"너, 갑자기 왜 이래? 녹음은 또 뭐고?"

조은 언니가 녹음기를 가리키며 물었어요.

"아, 그게……. 남자애들이 어제 진로·직업 박람회 갔다 온 자료를 정리해서 올렸는데, 애들이 갑자기 어떻게 됐는지 너무 잘해 온 거야. 걔들한테 질 순 없잖아. 그리고 애들이 녹음하는 게 쓰는 것보다 훨씬 편하다고 해서……."

"그렇긴 하지. 나도 지난번에 지질 박물관 갔을 때 큐레이터 선생님 말씀을 녹음해 두었는데, 갔다 와서 보고서 작성할 때 아주 유용했거든."

"근데 언니! 그 모의 주식 게임인지 뭔지, 그건 왜 한 거야?"

"아, 그건……. 내가 선택하고 말고 할 수 있는 문제가 아니었어. 수행평가였거든."

"와! 수행평가가 그럼, 주식 잘하면 점수가 높고 주식 잘못하면 점수가 낮고 그런 거였어?"

"아니, 그럴 리가 있니? 세계적으로 천재라고 불리는 뉴턴도 주식을 잘 못했다고 하던데……. 모의주식투자를 몇 달 동안 해 보고 느낀 점을 보고서로 작성해서 제출하는 그런 거였어."

조은 언니가 손사래를 치며 말했어요.

"그런데 왜 그런 수행평가를 하는 거야?"

"그것도 단순해. 중학교 사회에 경제 부분이 나오거든. 수요와 공급……. 뭐, 그런 거!"

"아, 그렇구나! 역시 중학교는 어렵네."

"꼭 그렇지도 않아. 초등학교 때부터 착실히 공부해 두면 조금씩 더 어려워지는 식이라 할 만해."

"응. 그럼, 지금부터 본격적인 질문을 해 볼게."

민서는 음료수를 한 모금 마시고 말을 이었어요.

"오, 약간 긴장되는데?"

조은 언니도 자세를 바로잡고 대답할 준비를 했어요.

"그럼, 첫 번째 질문! 그런데 주식이 뭐야?"

"와, 질문 완전 소름! 인터뷰하는데 기본적인 건 공부하고 와야 하는 거 아니야?"

조은 언니가 웃으며 말했어요.

"찾아보긴 했는데, 언니가 더 쉽게 알려 줄 거 같아서……."

"그래? 그렇다면, 이 언니가 아주 쉽게 설명해 주지. 회사를 운영하려면 돈이 필요하잖아? 그것도 아주 많은 돈이 필요하지. 우선, 회사를 세울 때 회사의 자본은 주식으로 이루어져.

그리고 사람들이 나중에 이익을 나눠 받기로 하고 어떤 회사가 잘될 거라고 생각되면 그 회사에 돈을 주는데 그걸 투자라고 해. 나중에 투자한 사람들에게 이익을 나누어 줄 것을 약속하는 증서가 바로 '주식'이야. 그리고 그 사람이 가진 주식의 수에 따라 이익을 나눠 갖지. 이렇게 만들어진 회사가 '주식회사'야. 회사 이름 앞에 (주)라고 쓰여 있는 게 바로 주식회사란 표시고……."

"오, 이 과자 봉지 뒤에 쓰여 있는 (주)가 그런 뜻이었구나!"

민서는 테이블 위에 놓여 있던 과자 봉지를 살펴보며 고개를 끄덕였어요.

"맞아. 그렇게 주식을 가진 사람을 '주주'라고 하고 주주들이 일 년에 한 번씩 모여서 회사의 중요한 사항을 결정하는데, 그걸 '주주총회'라고 해. 드라마 같은 데에서 큰일이 벌어지곤 하는 장소이기도 하지."

"오, 그렇게 이야기하니까 좀 알겠어."

민서는 며칠 전 엄마가 보시던 드라마의 한 장면을 떠올렸어요.

"너, 근데 채권은 아니?"

"채권 그건 또 뭐야?"

"주로 정부나 공공기관 등에서 오랫동안 쓸 큰돈을 마련하기 위해 일반인들에게 돈을 빌리고 그 사실을 적은 증서를 주거든. 그게 바로 '채권'이야. 채권도 주식처럼 자유롭게 사고팔 수가 있어. 그리고 일정 기간이 지나면 이자를 붙여 빌린 돈을 갚기 때문에 주식보다는 좀 더 안전한 투자 방법이라고 할 수 있지."

"그럼, 주식은 위험한 투자 방법이야?"

"꼭 그렇지는 않은데, 채권보다는 위험한 것이 사실이야."

"우선 주식은 증권시장에서 직접 사고팔 수가 있어. 그 가격을 '주가'라고 해. 그런데 회사가 잘되면 회사의 이익을 주주들에게 나누어 주지만, 회사가 잘 안 되면 주식을 가진 주주도 손해를 보게 돼. 심지어 회사가 없어지면 이익은커녕 투자한 금액을 하나도 돌려받지 못하는 경우도 있지."

"와, 무섭다! 함부로 하면 안 되겠는데?"

"직접 투자하는 방법만 있는 건 아니야. 펀드라고 해서 전문가들이 대신 투자해 주는 간접 투자 방법도 있어. 물론 주식을 잘 아는 전문가들이 투자하지만 주가가 떨어져 손해가 나기도 해. 그러면 원래 투자했던 돈보다 적은 돈을 돌려받게 될 수도 있으니까 판단을 잘해야 돼! 알겠지?"

"와! 직접 투자와 간접 투자, 채권 등등. 어렵지만 이해는 되는걸. 근데, 왜 사람들은 펀드에 투자하는 거야?"

"그러니까, 그건 말이지……. 전문가가 투자하는 거니까 자신이 직접 투자하는 것보다는 더 큰 수익을 내고 안전하게 돈이 관리될 거라고 기대하기 때문이야."

"욕심 부릴지 말지도 잘 생각해서 투자해야겠네. 그럼, 다시 본론으로 돌아가서 모의주식투자는 어떻게 된 거야?"

"그게 어떻게 된 거냐면 말이야……."

"자, 주목! 오늘은 기업가 정신에 대해 학습할 시간이지?"

"뭐예요, 선생님! 오늘은 주식투자 안 해요?"

"모두 수업 열심히 들으면 모의 주식에 투자할 시간 5분 줄게."

"야, 다들 조용히 해! 난 꼭 내 주식 확인해야 하거든."

"기업가 정신에 대해 공부했으니 오늘은 기업가 정신이 살아 있는 기업의 주식을 살펴보고 어떤 기업의 주식에 투자할지 고민해 보면 좋겠어."

"아, 큰일이네~. 선생님, 오늘 주식장 왜 이래요? 쑥쑥 떨어져 다 파란색이에요."

"주식 시작하면서 파란색이 너무 싫어졌어."

"나도."

"아마 미국에서 금리인상을 발표해서 그럴 거야."

"아니, 미국에서 금리를 인상하는 게 왜 우리나라 주식에 영향을 주죠?"

"여러 가지 이유가 있지만, 우리나라는 수출을 많이 하는 나라라서 외국의 경제에 영향을 많이 받아. 그리고 금리를 인상한다는 건 저축한 사람에게 이자를 더 준다는 거잖아? 이자를 많이 준다면 불안정한 주식보다 안정적인 예금이나 적금을 하겠다는 사람들이 많아지겠지? 물론 환율하고도 상관있지만⋯⋯."

"그런데 선생님! 환율과 경제는 어떤 상관관계가 있나요?"

"일단 환율의 뜻은 알지?"

"네, 우리나라 돈과 다른 나라 돈의 교환 비율이잖아요."

"응. 정확히 잘 알고 있네. 우선 환율이 올라갔다는 건 우리나라 돈의 가치가 떨어졌다는 뜻이라고 이해하면 돼. 예를 들면 1000원으로 1달러를 교환할 수 있었는데, 환율이 올라가면 1200원으로 교환해야 되는 거지. 우리나라 물건을 수출하는 경우, 외국 사람들의 입장에서 보면 1000원짜리 상품을 1달러에 구입하던 것을 1달러가 안 되는 가격에 구입할 수 있게 되는 거고. 그러면 수출이 늘어나게 돼. 반대로 수입하는 물건의 가격은 올라가서 수입이 줄어들지.

그리고 환율이 내려가면 반대의 상황이 되는 거야."

"선생님, 그런데 수출이 늘고, 수입이 줄면 좋은 것 아닌가요?"

"꼭 그렇지도 않단다. 예를 들어 환율이 올라가서 밀가루 수입 가격이 올라가면 어떤 일이 벌어질까?"

"제가 좋아하는 라면, 과자, 피자 등의 가격이 다 오를 것 같은 불길한 느낌이 드는데요?"

"맞아. 다 오를 거야. 그로 인해 물가가 올라갈 수도 있단다. 게다가 환율이 올라가면 다른 나라에 빚을 갚아야 하는 경우에는 갚아야 할 돈이 늘어나게 된단다."

"아! 환율이 오르거나 내린다고 무조건 좋거나 나쁘다고 할 수가 없는 거네요."

"그렇지. 상황에 따라 다른 거니까. 자, 그럼 모의 주식 활동이나 경제에 대해 더 이야기하고 싶은 게 있으면 해 볼까?"

"전 원래부터 주식은 안 맞고 예금이나 적금이 더 맞는 거 같아요. 파란색 말고 본 적이 없어요. 아빠가 주식 얘기하면서 어렵다고 할 때는 쉬워 보였거든요. 그래서 내가 하면 잘

할 텐데 하고 생각했었는데, 왜 아빠가 그렇게 어려워하셨는지 조금 알 것 같아요. 저는 나중에 돈 벌면 저축이나 착실히 해야겠어요."

"안전한 걸 원한다면 그것도 좋은 방법이지. 하, 지, 만! 이런 상황에서도 주식이 오른 회사들이 있다는 사실! 그런 회사는 어떤 회사인지 찾아보는 것도 좋겠지?"

"아……. 선생님, 친구 말은 귓등으로 흘려 버릴걸 그랬어요."

"왜 그런 생각을 했어?"

"친구가 게임 회사 주식에 투자하면 수익률이 높다고 해서 저도 그 회사에 투자했는데 갑자기 다른 게임 회사에서 비슷한 게임을 먼저 출시해서 주식 수익률이 마이너스 20%가 되었어요."

"저런, 그랬구나! 그래서 주식이 힘들다고 하는 거야. 그 회사와 관련된 모든 사항들을 다 알기는 힘드니까."

"선생님, 저는 오늘부터 좋아하는 아이돌을 바꾸기로 했어요."

"모의주식투자와 네가 좋아하는 아이돌이 바뀌는 것이 무슨 상관이 있을까?"

"선생님께서 관심 있는 분야나 좋아하는 분야에 투자해 보라고 하셔서서 제가 좋아하는 아이돌이 있는 회사에 투자했는데요, 그 아이돌이 회사를 나왔어요. 주가가 완전히 폭삭 주저앉았어요. 계약 기간도 남았는데 갑자기 나와서요."

"저런! 계약 기간까지 알아봤다면 그래도 열심히 알아본 건데……."

"에이, 선생님! 그건 주식 때문에 알아본 거 아니에요. 원래 쟤들 아이돌 팬의 기본이라면서 학교 공부는 안 하고 아이돌에 관한 거 막 외우고 다녀요."

선생님은 어이가 없다는 듯이 웃고 계셨어요. 그때 다른 학생이 선생님께 질문했어요.

"선생님, 저는 분산투자 했는데도 수익률이 왜 이런 거죠?"

"어떻게 분산투자를 했는데?"

"부모님이 추천해 주신 회사, 주식의 달인이라는 선배가 추천해 준 회사, 친구가 추천한 회사에 각각 투자했어요."

"응? 분산투자가 그런 게 아닐 텐데……. 그런데 선배도 추천해 줬어?"

"네, 제가 자전거 동아리에서 모의주식투자 하는 게 너무 재밌다고 자랑했거든요. 다른 학교 애들도 부러워했어요."

"너희는 부러워했어? 그러면 다행이지. 우리는 편의점 앞에서 컵라면 먹으면서 주식 이야기하는데, 어떤 아저씨가 갑자기 어른들이 책임감 없이 애들한테 위험한 무기를 알려 준다며 화를 내시는 거야. 그래서 무섭기도 하고 기운도 빠지고 그랬어."

"위험한 무기도 왜 위험한지 알아야 하지 않아? 우리가 어리다고 너무 무시하시네."

다른 학생이 새침한 목소리로 말했어요. 그러자 선생님께서 괜찮다는 듯이 그 학생의 어깨를 두드리며 말씀하셨어요.

"물론 그 아저씨처럼 주식을 위험하다고 생각할 수도 있어. 그렇다고 너무 의기소침해할 필요는 없어. 독일에서는 유치원생들에게 위험한 생활 도구 사용법을 일부러 가르쳐.

왜 그럴까?"

"위험한 걸 알게 되면 조심해서 사용하게 되고 정확한 사용법을 익혀야 사고가 줄어들기 때문 아닐까요?"

"맞아. 내가 모의주식투자를 해 보게 하는 것도 비슷한 이유야. 같은 칼이라도 어떻게 쓰느냐에 따라 달라지잖아? 흉악범의 손에서는 흉기로 쓰이겠지만 요리사의 손에서는 맛있는 요리를 만드는 훌륭한 도구가 되지."

"와, 선생님 멋있으시다."

"원래도 좋은 분이셨는데, 그 말 듣고 완전히 반해 버렸지, 뭐야."

"근데 주가가 오르기도 하던데 다들 손해만 본 거야?"

"아, 그게······. 선생님이 일부러 그러신 건 아니지만, 우리가 모의주식투자를 했을 때가 세계 여러 나라에서 전쟁이 한창 일어날 때였거든. 그래서 그런지 전 세계적으로 하락세였어. 참, 아까 친구들 이야기 중에서 파란색이 싫다는 건 주가가 올라갈 때는 빨간색으로 표시되고, 내려갈 때는 파란색으로 표시되는데, 자기가 산 주식이 자꾸 떨어지니까 파란색이 싫다고 한 거야. 그렇게 전 세계적으로 하락세인 와중에도 대박을 터뜨린 친구가 한 명 있었어."

"아니, 그 오빠? 아니면 언니? 어쨌든 그 사람은 어떻게 대박을 터뜨린 거야?"

"언니이긴 한데, 들어 보면 별 건 아니야. 걔가 워낙 매운 볶음 라면을 좋아해서 거기에 투자했거든. 근데 그때 전 세계적으로 매운 닭 볶음면이 엄청난 인기를 끈 거야. 동영상 사이트에도 외국 사람들이 그걸 먹는 모습이 계속 올라오고, 덩달아 주가도 계속 올라가고 말이야. 하지만 그 친구 말고는 없었어. 우리가 두 달 정도만 했으니까 기간이 너무 짧은 것도 있었지. 원래 주식은 긴 기간 동안 투자하는 장기투자가 기본이라고 하잖아."

"오, 그렇구나! 근데 언니는 어디에 투자했어?"

"으음, 오늘 한 질문 중 가장 어려운 질문이다. 노코멘트!"

"에이, 언니! 그러지 말고 이야기 좀 해 주라, 응? 어땠는지 진짜 궁금하단 말이야."

"아까 좋아하는 아이돌 회사에 투자했다는 친구 기억나? 사실은 그게 바로 나야. 그때는 아이돌 오빠들이 너무 좋아서 그 회사 주식 사는 데 전부 다 투자했다가 완전 망했지. 수익률로 따지면 내가 꼴찌였다고 하더라고. 그래도 보고서에 안전을 위해 나누어서 투자하는 분산투자의 필요성과 투자는 신중히 해야 한다는 걸 깨달았다고 썼더니 수행평가 점수는 잘 받았어. 그걸로 그나마 위안이 됐다고나 할까? 오빠들을 잃고 점수를 얻은 셈이지."

"캬하! 역시 언니는 엉뚱한 데가 있어. 나는 부모님이 용돈 주시는 대신 내 이름으로 미래산업이라고 할 수 있는 바이오와 AI 관련 기업에 투자하셨다는데, 투자한 지 얼마 안 되어서 수익은 아직 좀 두고 봐야 하나 봐. 그 기업들이 성과가 좋아야 주식도 오르고 용돈도 많아질 텐데……. 부모님이 말씀하실 때는 흘려들었는데, 언니 이야기를 듣고 보니 그래도 내 주식인데 관심을 좀 가져야 할 것 같아."

"오호! 미래를 위한 준비를 벌써 해 둔 거야? 나도 부모님께 말씀드려 봐야겠다. 혹시 오늘 이야기 중에 더 궁금한 건 없어?"

"아, 궁금한 건 여기 메모해 뒀는데……. 음, 우선 분산투자가 뭐야?"

"계란을 한 바구니에 담지 말라는 말이 있는데, 이게 무슨 뜻일 것 같아?"

"우리 집 냉장고에는 계란을 한 곳에 모아 두던데……. 그럼, 냉장고에 보관하는 것과는 상관없는 이야기일 테고……. 어쨌든 깨지니까 모아 두지 말라는 거 아니야? 맞지?"

"응, 맞아. 계란을 내가 가진 돈이라고 생각하면 쉬워. 내가 가진 돈을 한 곳에 모두 투자하는 것은 위험하다는 뜻이야."

"아, 알겠어. 계란을 한 바구니에 담으면 떨어뜨리거나 위험이 닥쳤을 때 모두 깨져 버릴 수 있으니 한곳에 모아 두지 말라는 거구나. 그래서 내가 가진 돈도 여러 곳에 나누어서 투자하라는 거고."

"오! 척척 잘 알아듣네. 분산투자 방법에도 여러 가지가 있다고 하던데, 그건 나도 수업 시간에 잠깐 설명 들은 거라서……. 아무튼 기본적으로 분산투자를 해야 손해를 줄일 수 있다고 하더라고."

"아, 그렇구나! 분산투자는 이해했고."

민서는 메모에 동그라미 표시를 하고 다음 질문을 했어요.

"그럼, 언니! 금리는 뭐야?"

"일단 입안의 금니는 아니고……. 크크."

"헐! 아재 개그, 뭐야?"

"크크. 우리 사회 선생님 따라 한 거야."

"아까 선생님 멋있다고 한 거 살짝 취소하고 싶어지는데, 우리 담임 선생님 느낌도 살짝 나고 말이야."

"어쨌든 금리는 쉽게 말하자면 이자라고 할 수 있어."

"이자?"

"응, 이자. 은행 등에서 돈을 빌리면 돈을 빌려 쓴 대가로 일정 비율의 돈을 지불해야 하는데 그걸 이자라고 해. 물론 은행에 저축을 하고 그 대가로 받는 일정 비율의 돈도 이자라고 하지. 금리는 이자와 거의 같은 뜻인데, 일정 금액일 수도 있고 비율일 수도 있어."

"오, 그렇구나! 금리는 이자와 비슷한 것. 요것도 확인했고."

"흐흐, 이제 대충 정리된 거 같으니까 녹음은 그만 멈추고 오랜만에 자매들끼리 수다나 떨어 볼까?"

"흐흐, 좋지."

> 민: 언니한테 들은 이야기 정리한 거야. 꽤 재미있음.
> 유조은 선생님의 주식 이야기.txt

> 수: 조은 언니가 어느새 선생님이 되었지?

> 현: 누구나 가르침을 주면 선생님이지. 쏙쏙 들어오게 너무 잘 알려 줬네.

> 연: 난 좀 있다 동생이랑 나눔 장터에 다녀올게. 뭐가 도움이 될지는 모르겠지만 그것도 경제활동이긴 하니까.

> 태: 기대할게!

> 연: 켁! 이 부담감 어떻게 할 거야, 이거!

바나나톡

용돈과
나눔 장터

신발 정리 500원

방 청소 1000원

빨래 널기 500원

빨래 개기 500원

"이번 주는 2500원이네."

연진이의 용돈 수첩을 확인한 엄마가 연진이에게 이번 주 용돈을 주셨어요. 연진이는 정해진 용돈 없이 집안일을 도운 대가로 용돈을 받아요.

"고맙습니다. 이제 조금만 더 모으면 2만 원 되겠네요."

"연진아! 너, 그렇게 열심히 용돈 모아서 뭐 할 거야?"

"엄마, 아빠 선물 살 건데……."

"와, 기특하네. 근데 언니 생일 선물은?"

"언니는 나한테 용돈 안 주잖아. 그러니까 선물 못 사 주지."

"그게 무슨 논리야?"

"논리? 그게 무슨 말이야? 그렇게 어려운 말 쓰면 난 못 알아들어."

"야! 자기 불리한 얘기만 나오면 못 알아듣는 척하기는."

"말을 알아듣고 못 알아듣고는 나중 문제고. 너희 나눔 장터 간다고 하지 않았어? 어서 나가야지."

엄마가 연지와 연진이를 보며 말씀하셨어요.

"근데 연진아! 나눔 장터 가서 뭐 살 거야?"

"글쎄, 우선은 버들강아지 캐릭터 상품이 있는지 볼 거야. 그다음엔 용돈 넣어 둘 지갑이 있으면 사려고."

"와, 내 동생 멋지다! 용돈 모으는 것도 계획적이고, 뭐 살 지도 계획적이네?"

"근데 연지야, 너는 왜 따라오는 거니? 전에는 잘 따라오더니 요즘은 안 따라왔잖아?"

엄마가 갑작스럽게 따라나서는 연지를 보며 물으셨어요.

"아니, 며칠 전에 이야기했던 경제 뮤지컬 자료 조사한다고 다른 아이들은 여기저기 다녀왔는데, 나만 가만히 있기 뭐해서요. 뭔가 조사를 해야 할 것 같은데 딱히 어디 가야 할지도 모르겠고……. 나눔 장터에 가서 물건을 사는 것도 일종의 경제활동이니까 따라가 볼까 한 거예요."

"근데 연지야! 너, 경제가 뭔지 알아?"

"경제요? 아, 뭔지는 알겠는데 설명은 못 하겠어요. 설명하려니까 너무 커다란 느낌이랄까?"

"그래, 경제라는 것이 쉽게 설명하기는 어렵지. 엄마는 결혼하고부터 계속 가계부를 쓰면서 한 달 수입보다 더 많이 쓰지는 않으려고 애쓰고 있단다. 그러다 보니까 물가 변동에도 예민해지고 경제가 뭔지 실감하게 되더라."

"전 경제라는 단어만 들어도 머리가 아픈 것 같아요."

"그런데 우리가 살아가는 데 있어 경제는 아주 중요한 거야. 우리 삶에서 떼어 낼 수가 없지. 오늘 연진이가 사려는 캐릭터 상품이나 지갑처럼 만질 수 있는 것을 '재화'라고 하거든. 재화는 아니지만 사람들이 만족감을 느끼도록 하는 노력을 '서비스'라고 하고. 너희들이 좋아하는 캠핑장이나 식당, 카페 등을 운영하는 것을 서비스업이라고 하는데, 경제는 재화와 서비스를 만들고 나누고 쓰는 활동을 말한단다."

"그렇게 따지면 경제활동이 아닌 게 없네요?"

"맞아. 연진이가 집안일을 돕고 용돈을 받는 것도 경제활동에 포함되지. 그 돈으로 장난감을 사기도 하고, 머리 자르려고 미용실에도 가고, 혹은 저축을 해서 간접적으로나마 사회에 투자할 수도 있으니까 말이야."

"오, 그렇구나! 뭐라도 하려면 역시 돈을 열심히 벌어야 하는군요."

"돈을 열심히 버는 것도 중요하지만, 돈을 잘 관리하고 불리는 것도 중요하단다. 열심히 일해서 번 돈인데 생각 없이 쓰거나 낭비할 순 없지."

"쌀도 아닌데 돈을 어떻게 불려요?"

"에휴, 요즘 아이들 문해력에 문제가 많다고 하더니…….

내 딸부터 문제로구나."

"농담이에요, 농담! 돈을 늘린다는 의미잖아요?"

"그래, 일단 아는 것 같으니 문해력 문제는 넘어가기로 하고. 직장에서 월급을 받는 것도 돈을 버는 것이고, 가게를 운영해서 수익을 얻는 것도 돈을 버는 거잖아? 그렇게 번 돈을 보통 어떻게 하지?"

"일단, 생활을 해야 하니까……. 돈을 이런저런 곳에 사용하고 또 저축도 하겠지요."

"저축? 그렇지. 가진 걸 다 쓰면 갑자기 큰돈이 필요할 때 몹시 곤란해지잖아. 그래서 엄마는 평소에 약간 부족한 듯 쓰고 저금을 하려고 해. 더 정확히 말하면 금융상품에 투자를 해서 수익을 내는 거지. 적금이나 예금과 같은 저축, 혹은 채권, 주식 같은 곳에 말이야. 은행 같은 금융기관이 그 역할을 해 주는 건데, 이 경우 잘 판단을 해야 해. 투자를 잘못했다간 손해를 볼 수도 있으니까 말이야."

"친구들이 조사한 것에서 본 거 같아요. 금융이라는 말도 어느 정도는 알겠고요."

연지가 무언가 생각났다는 듯이 말했어요.

"맞아. 금융이라는 말을 아니까 이해가 좀 더 쉽겠네. 이렇게 저축이나 채권 등을 통해서 자신의 여윳돈을 다른 곳에 사용하게 하고 그에 합당한 이익을 돌려받으면 그만큼 가진 돈은 늘어나게 되겠지? 우린 그걸 돈을 불린다고 표현해."

"아! 그럼, 가진 돈을 어디에라도 투자하면 돈이 더 늘어난다는 뜻인가요?"

"맞아. 안정적인 것을 원한다면 적금이나 예금을 들고, 그것보다 고위험에 고수익을 생각한다면 주식에 직접 투자하거나 보다 안전한 펀드에 가입해 돈을 불릴 수도 있는 거지. 고위험이란 큰 손해를 볼 수도 있다는 뜻이야."

"그런데 엄마는 그런 것을 어떻게 다 아세요?"

"같은 돈을 벌어도 조금이라도 더 여유롭게 살고 싶은 것은 누구나 바라는 것 아니겠니? 그걸 실천하려면 이것저것 열심히 공부를 해야지."

"와! 학교 공부만 열심히 해야 하는 줄 알았는데, 이런 것도 공부해야 하는구나."

"당연하지. 너희 아빠는 20대 때 경제 공부 안 한 걸 늘 후회한다고 말하더라. 그랬다면 지금쯤 아빠 지갑이 더 두둑할 텐데 말이야."

"아, 근데! 지갑 이야기하니까 갑자기 생각나는 게 있어요. 엄마, 디지털 지갑이 뭐예요?"

"너, 그건 어떻게 아니?"

"자료를 조사하다 보니까 나왔어요. 한글로 쓰여 있긴 한데 무슨 말인지 하나도 모르겠더라고요. 너무 어려웠어요."

"디지털 지갑, 엔에프티(NFT), 암호화폐, 가상 자산 이런 말들이 같이 나왔지?"

"네, 도대체 이게 무엇인지 싶고 어려워요."

"사실 그런 건 어른들에게도 어려운 말이야."

"우선, 디지털 지갑은 가상 자산을 주고받거나 거래하기 위한 나만의 '주소'를 의미해. 가상 자산을 보관하는 지갑이라고나 할까? 스마트폰이나 노트북 등에도 백업해 둘 수 있어서 비교적 안전하다고 하지."

"그렇다면 가상 자산은 뭐예요?"

"우리가 오늘 나눔 장터에서 물건을 산다면 동전이나 지폐를 사용할 거잖아? 반면에 온라인에서는 동전이나 지폐 같은 실물이 없잖아? 그래서 디지털 형태의 화폐들이 사용되기도 하는데 대표적인 것이 바로 비트코인이야. 디지털화폐, 가상화폐, 또는 암호화 기술을 이용했다고 해서 암호화폐라고도 부르지. 또 다른 말로는 가상 자산이라고도 하고."

"와, 너무 어렵다! 그냥 단순하게 실물화폐 대신 온라인상에서 사용되는 화폐 정도로 이해해야겠어요."

"그 정도만 이해해도 된단다. 마지막으로 엔에프티(NFT)도 쉬운 개념이 아니란다. '대체 불가능한 토큰'이라는 뜻으로 그림이나 영상 등의 디지털 파일을 가리키는 주소를 토큰 안에 담아서 고유한 원본성 및 소유권을 나타내는 용도로 사용되는 건데……. 일종의 가상 진품 증명서라고 할 수 있어."

"눈에 보이지 않아서 그런 걸까요? 혼자서 읽어 볼 때보다는 나은데 그래도 여전히 어려워요. 집에서 본 보석 진품 증명서와 같은 것. 일단 거기까지만 이해해야겠어요."

"그러니까 언니! 이제 눈에 보이지도 않는 지갑 얘기 그만

하고, 내가 고른 지갑 좀 봐줘."

둘의 얘기가 지겹다는 듯이 연진이가 연지의 팔을 잡고 흔들며 말을 걸었어요.

"어디 줘 봐. 넌 뭐가 마음에 드는데?"

두 개의 지갑을 들고 연지가 물었어요.

"난 이게 더 마음에 드는데 200원 더 비싸."

"어, 그래? 내가 200원 투자해 줄 테니까 이걸로 사."

"오, 언니 웬일이야?"

"엄마랑 이야기하다 보니 금융상품에 투자할 여윳돈이 내겐 없으니까 일단 너한테라도 투자해 둬야 할 것 같아서 그러지."

"왜 불안한 생각이 들지? 어쨌든 고마워."

"뭘 불안해해. 무언가 나중에 부탁이나 하나 하겠지. 사회에도 투자가 꾸준히 이루어져야 경제가 원활히 돌아가듯이 가족들에게 조금씩 투자를 해 두는 거지, 뭐. 엄마 입장에서는 그렇게라도 해서 덜 싸우면 다행이고."

"흐음, 자매간의 다툼은 그 정도의 투자로 간단히 해결될지, 저 역시 의문이네요. 하하."

학예회 대표

드디어 발표날! 수하는 연극 대본을 말아 쥐었다 다시 폈다를 반복하고 있었어요. 다른 아이들이 준비한 학예회 프로그램이 하나씩 끝나가고 있었거든요. 마지막 순서라 그런지 발표 시간이 다가올수록 더 불안해지는 마음을 감출 수가 없었어요.

다른 아이들도 준비를 많이 한 것이 느껴졌거든요. '하지만 우리도 열심히 준비했으니까!' 하고 마음의 안정을 찾으려 노력했어요.

제대로 심사한다고 다른 반 선생님과 친구들까지 구경 왔는데 아이들이 더 긴장하지는 않을까 몹시 걱정되었어요.

"다음 순서는 경제 뮤지컬입니다. '산타 할아버지는 도움이 필요해요'를 함께 보시겠습니다."

조명이 어두워졌다 밝아지면서 드디어 연극이 시작되었어요.

"뭐야? 왜 이렇게 돈이 없어?"

무대 위에서 산타 분장을 한 태석이가 금고를 열어 보며 당황한 표정을 지었어요.

"혹시 너희들이 먹었니? 요새 순록들은 돈도 먹는다니?"

주위에 있던 순록들을 보며 산타 태석이 대사를 말했어요.

"우리가 염소도 아닌데 돈을 왜 먹어요?"

루돌프로 분장한 민서가 퉁명스럽게 대답했어요. 구경하던 아이들 틈에서는 킥킥거리는 작은 웃음소리가 들려왔어요. 그러자 수하의 마음도 조금씩 진정되기 시작했어요.

"이 정도면 올해는 어찌저찌 선물 마련은 할 수 있겠는데,

내년에는 어림도 없겠는걸. 어떡하지?"

"우리가 어떻게 알아요? 그건 우리의 위대하신 산타 님이 알아서 하셔야지요. 우선 전 세계 어린이들의 소원 편지부터 읽으시고요."

루돌프 민서가 여전히 퉁명스럽게 말했어요.

"아, 그래! 좋은 생각이 났어. 좋은 일자리를 찾아봐야지! 직장을 구해서 돈을 벌어야겠다."

무대 위에서는 그 뒤로 직장을 구하기 위해서 애쓰는 산타의 모습이 그려졌어요.

"자격증이 하나도 없으시다고요?"

"아, 컴퓨터학원에 가서 코딩이라는 것 좀 배워 둘걸."

"너무 나이가 많으시군요."

"수염이라도 밀면 좀 젊어 보이려나? 그건 안 되지. 수염은 산타의 상징인데……."

"저희 회사와는 맞지 않으신 것 같습니다."

"에이, 그러지 마시고 한 번만 기회를 주세요. 제가 이것저것 다 맞출 수 있습니다. 제가 이래 봬도 만능 산타랍니다. 무엇이든지 할 수 있는 슈퍼 산타라니까요."

그렇게 산타 할아버지는 겨우 취직을 했어요.

"어휴, 겨우 직장을 구하긴 했는데……. 월급으로는 순록 먹이값도 안 되겠어."

정장을 입고 터덜터덜 집으로 돌아온 산타를 맞이한 것은 머리에 띠를 두른 순록들이었어요.

"아무리 돈이 없어도 우리 덕에 선물을 배달하면서 우리에게 이런 거나 먹이다니, 참 너무하네."

"너무해, 너무해! 이런 것만 먹어서는 기운이 없어 가까운 곳에 선물을 배달하는 것도 힘들어요. 아이고, 뱃가죽이 등에 붙었어요."

제일 앞에 선 루돌프 민서와 함께 다른 순록들이 노래를 불렀어요. 우스꽝스러운 율동과 함께 말이에요.

이어 안절부절못하며 어떻게 해야 할지 몰라 하는 산타 태석의 모습을 비추다 무대가 어두워졌어요.

다시 밝아진 무대 위에선 산타 태석이 고민에 빠져 있었어요.

"이제 막 산타가 되었는데……. 이게 뭐람? 가진 돈이라곤 이게 전부인데, 이걸 누구 코에 붙인단 말이야? 전 세계 어린이들이 꿈과 희망을 잃지 않도록 소원도 이루어 주고 선물도 전해 주고 싶은데, 그러기엔 돈이 너무 없어. 아이들에게 꿈과 희망을 주고 싶어도 그럴 수가 없다고."

괴로워하던 산타 태석이 뭔가 생각이 난 듯 벌떡 일어났어요.

"아, 맞다! 할아버지께서 나한테 해결할 수 없는 힘든 일이 생기면 산타 일기장을 열어 보라고 하셨지? 일기장이 어디 있더라? 그래, 여기 있다. 그런데 이게 뭐지? 스크루지 씨를 찾아가 보렴?"

그때 무대 한쪽에서 스크루지 분장을 한 연지가 춤을 추며 등장했어요.

"나를 찾아올 때가 되었는데 오지 않아서 이렇게 내가 직접 왔지."

"아니, 제가 찾아갈 걸 미리 아셨다고요?"

"이보게, 신입 산타! 선물 살 돈이 없어도 너무 없지? 이렇게 없어도 되나 싶을 정도로 말이야."

"아니, 그걸 어떻게 아셨어요?"

"아니, 그걸 왜 몰라? 내가 대대로 신입 산타의 경제 교육을 담당해 왔는걸. 산타들이 숲속에서만 살아서 은행 이용하는 법도 잘 모르고, 고민만 하다가 허송세월 보내기 일쑤지. 재산이 그렇게나 많은데 잘 활용할 줄도 모르니, 누군가 알려 줘야 되지 않겠어? 산타 하면 크리스마스고, 크리스마스와 돈 하면 떠오르는 사람이 누구야? 바로 나, 스크루지지. 내가 이래 봬도 금융업계 출신이잖아? 나만큼 잘 가르쳐 줄 수 있는 사람도 없지. 암, 그렇고말고."

"악덕 고리대금업자한테 경제 교육을 받아도 되나?"

산타 태석이 고개를 갸웃거렸어요.

"아니, 뭐라고?"

"아니에요. 아니에요. 근데 이 금고 말고도 재산이 또 있나요?"

"당연하지. 금고에 있는 돈만 가지고 어떻게 매년 그 많은 어린이들의 선물을 살 수 있겠나?"

스크루지는 거만하게 말을 이어 갔어요.

"의학 기술이 발달해서 예전처럼 어린 나이에 죽는 경우도 많이 줄었고, 또 물가까지 많이 올랐잖아? 게다가 요즘 애들이 부모님, 아니 산타 등골 빠지게 얼마나 비싼 선물을 원하는데……. 물론 다 들어주지는 않지만……. 그러니까 재산이 어마어마하게 많아야 하지."

"아, 그렇겠네요. 근데 그게 다 어디 있나요?"

"자, 내 손끝을 보게."

스크루지 연지는 손으로 무대 끝을 가리켰어요.

"저기 순록들이 뛰어노는 끝도 안 보이는 저 땅과 전 세계 어린이들의 선물을 모두 모아 둘 수 있는 이 큰 저택도 전부 다 산타, 자네 것이라네."

"이게 다 제 것이라고요?"

"또 하늘을 저렇게 빠르게 날 수 있는 순록들도 팔면 어마어마한 돈을 벌 수 있을걸."

"에이, 그런 말 마세요. 순록들이 들으면 서운해서 뿔로 받을지도 몰라요."

"아차차! 그렇지. 30년 전에 받혀 보고 그 뒤로는 안 받혀 봐서 잠시 잊고 있었네. 어쨌든 방금 이야기한 것은 아주 작은 일부일 뿐이고 나머지는 날 따라오면 차근차근 다 알려 주겠네."

그 뒤로 길을 나선 스크루지와 산타가 은행과 증권회사 등을 차례로 방문하는 모습이 이어졌어요.

가진 재산을 확인할 때마다 산타는 입이 함지박만 하게 벌어졌지요.

"와, 이 정도 돈이면 정말 놀고먹어도 되겠는걸요?"

"아니! 자네 지금 아이들의 2대 명절인 어린이날과 크리스마스 중 하나를 없애겠다는 건가? 선물이 없는 크리스마스는 아이들에겐 없는 것이나 마찬가지란 걸 모른단 말이야?"

"아니, 말하자면 그렇다는 거지요. 이제 힘들게 돈 벌지 않아서 좋다는 얘기기도 하고요."

"봐서 알겠지만. 자네는 굳이 돈을 벌 필요가 없네. 지금 가진 재산을 잘 불리면서 그 수익금으로 아이들에게 꿈과 희망, 그리고 행복을 계속 나누어 주게."

"스크루지 아저씨, 잘 알겠습니다! 그런데 저 사실은 한 가지 의논드릴 일이 있어요."

"또 뭐가 있지?"

"아저씨께서는 돈을 잘 불리기만 하라고 하셨는데, 저는 돈을 더 벌어서 크리스마스뿐만 아니라 다른 때에도 아이들에게 꿈과 희망을 나누어 주고 싶거든요."

"아니, 어떻게 그게 가능한가?"

"그러니까 속닥속닥."

"아, 그것 참 좋은 생각이네. 나도 투자하겠네. 그리고 힘 닿는 데까지 돕겠네."

"아저씨가 투자도요? 정말 감사합니다."

산타 태석이 놀랐다는 듯이 물었어요.

"내가 투자하는 게 뭐가 이상한가? 내가 또 돈이 될 만한 일은 기막히게 알아보지. 그래서 여기저기 이미 다양하게 투자를 해 두었거든."

스크루지가 거만한 표정을 지었어요.

"아니, 어디 어디에 투자를 하셨는데요?"

"가만히 있어 보자. 일단 우주를 개척하는 우주산업, 바이오산업, AI 산업, 그리고 자율주행, 전기차 등등 장래가 유망한 기업들에 다양하게 투자했지."

"그럼, 제가 계획하는 사업도 돈이 될 것 같으신가요?"

"아니, 사실 돈이 될 것 같지는 않아."

"그런데 왜 투자하세요?"

"돈을 많이 벌면 그걸 사회에 나눌 줄도 알아야 한다네. 사회 공헌, 나눔, 어려운 말로 노블레스 오블리주. 유령을 다시 만나지 않으려면 반드시 실천해야 하지. 으스스, 유령 진짜 싫어."

스크루지는 소름 끼친다는 듯이 말했어요.

"갑자기 무슨 말씀이신지 잘 모르겠지만 투자해 주신다니 정말 감사합니다. 이제 보니 '크리스마스 캐럴'에 나오는 구두쇠 스크루지가 아니라 돈의 귀재인 현대판 스크루지셨네요. 돈을 벌어서 베풀 줄 아는 스크루지로 언제 변하신 거예요?"

무대가 다시 어두워졌다가 밝아졌어요.

"어서 오세요, 어린이 여러분! 여기는 '산타 순록 월드'입니다. 이야기책에서만 만났던 산타 할아버지와 순록을 직접 만나 보세요."

무대 위에는 산타 태석과 루돌프 민서, 그리고 순록과 아이들이 함께 춤을 추는 장면이 연출되었어요. 하지만 곧이어 무대 옆에서 가득 쌓인 선물과 함께 스크루지 연지가 등장했어요.

"아, 아, 아저씨! 제가 좀 있다 선물 포장한다니까요. 아이들이랑 조금만 더 놀게요."

산타 태석은 스크루지 연지를 피해 무대 위를 여기저기 뛰어다녔지만 이내 붙잡혔어요. 결국 스크루지 연지에게 끌려 나가는 산타 태석의 비명과 함께 연극이 끝이 났지요.

연극이 끝나자 수하가 "너희들 최고야!" 하면서 양손 엄지를 마구 흔들었어요. 연극을 구경하던 친구들과 선생님들의 박수 소리가 끊이질 않았답니다.

태 아직까지도 여운이 남아 있어. 역시 수하의 대본은 최고인 거 같아!

수 아니, 아니! 너희들 연기가 더 최고! 그리고 너희들이 여기저기 다니면서 조사한 자료가 큰 힘이 되었어. 사실 우리도 그러면서 많이 알게 되었잖아.

민 음악과 효과를 담당해 준 현준이도 최고!

민

현 틀릴까 봐 얼마나 긴장했는지 모른다.

연 결과 발표는 왜 오늘 안 해 주시는 건데?

수 그러게. 박수는 많이 치셨는데, 선생님들 표정이 좋으신 건지 심각하신 건지 알 수가 없더라.

민 다 잘될 거야. 다 잘되어야만 하고, 그렇지 않으면……

우리 집 대박 사건

"와, 엄마 어떻게 그러실 수가 있어요?"

민서가 펄쩍 뛰며 말했어요.

"어떻게 그럴 수가 있냐니? 여기 계약서를 보렴. 분명히 네가 계약한 거란다."

엄마가 종이를 한 장 흔들며 말했어요.

"아니, 그래도……."

민서는 풀이 죽어 다시 말했어요.

"아니, 그래도는 무슨? 계약은 계약이지. 그리고 집안일 안 해도 된다며 민호를 놀리지는 말았어야지. 우리 집 장녀가 그렇게 하면 동생에게 체면이 서겠어?"

엄마는 민서에게 들고 있던 종이를 들이밀었어요.

종이에는 '계약서'라고 쓰여 있었어요.

민서도 계약 내용은 이미 알고 있었지요.

'연극 연습하는 2주 동안은 너무 바쁘니까 집안일을 하지 않는다. 대신 학예회 학급 대표로 뽑혀서 최 씨 가문의 이름을 날린다. 단, 학예회 학급 대표로 뽑히지 못한다면 이후 2주 동안은 집안일을 2배로 더 한다.'

그리고 마지막 민서 이름 옆에는 엄지손가락에 사인펜을 칠해서 찍은 지장까지 찍혀 있었어요.

"엄마, 분명히 내가 계약한 건 맞는데요. 어, 어……. 그게……. 목표를 초과 달성했잖아요. 그러니까 계약을 지킨 걸로 인정해 주셔야죠?"

"무슨 이야기니? 할아버지도 좀 알자꾸나."

옆에서 가만히 이야기를 듣던 할아버지께서 궁금하신 듯 물으셨어요.

"네, 할아버지! 이게 어떻게 된 거냐면요?"

민서는 할아버지께 그간에 있었던 일을 간단하게 설명했어요.

"그러니까 이야기를 정리하자면, 네가 학예회 학급 대표로 뽑히게 되면 집안일 안 한 걸 그냥 봐주기로 했는데, 너는 학예회 학급 대표로 뽑히지 못했다. 이거지?"

"아니, 그러니까! 그게 맞기는 맞는데요, 할아버지! 우리 연극이 학예회에서 하기에는 너무 길고, 또 저학년들이 보기에는 좀 어렵다고 해서요. 학예회 학급 대표가 아니라 '어린이청소년연극제'에 학교 대표로 참여하게 되었어요. 결국 최 씨 가문의 이름을 날린 건 맞잖아요? 그러니까 집안일을 2배로 하지는 않아도 된다는 게 제 주장이고요. 계약대로 해야 한다는 게 엄마의 주장이에요. 할아버지 생각은 어떠세요?"

할아버지가 머리를 긁적이며 말씀하셨어요.

"흠, 어려운 문제구나! 그런데 이렇게 생각해 보면 어떨까? 100원짜리 물건을 원하는 사람에게 더 좋은 것이라고 200원짜리 물건을 가져다주면 무조건 좋아할까?"

"대개는 좋아하겠지만, 그렇지 않을 수도 있겠단 생각이 들어요. 물론 저는 비싼 걸 더 좋아하겠지만요."

"옳거니! 엄마 입장에서는 학급 대표 정도만 원했던 거지, 학교 대표까지는 원하지 않았을 수도 있잖니? 게다가 집안일을 안 하게 되었으면 얌전히 있었어야지, 동생은 왜 놀리고 그랬어? 그러니까 엄마가 화가 날 수밖에. 결국 네가 자초한 것이니까 계약대로 네가 집안일을 더 하는 게 맞는 것 같구나. 그래서 계약서가 무서운 거야. 자신 없으면 도장도 찍지 말았어야지. 그런데……."

"에잉, 할아버지까지……. 너무하세요."

"아니, 할아버지 이야기를 끝까지 들어야지. 네가 추가 목표 달성을 한 것도 역시 맞으니까, 이번 계약은 계약대로 하고 다음 계약을 새로 맺거나 아니면 다른 보상을 받는 것이 옳은 것 같구나."

"이미 학교 대표로 결정이 된 것이니 새로운 계약은 의미가 없는 것 같아요. 그런데 보상은 지금 생각해도 늦지 않죠. 어떤 게 있을까요?"

"으음. 그러니까 말이다. 이 얘기를 해 줄까? 말까?"

"할아버지, 빨리 얘기해 주세요! 뭔가 좋은 일 같아요."

"좋은 일이야. 좋은 일이고말고. 근데 이렇게 쉽게 알려 줘도 되는 건지 모르겠지만 말이다."

"할아버지! 제가 앞으론 꾀부리지 않고 심부름도 잘할게요. 어떤 보상인지 빨리 알려 주세요!"

"이렇게 쉽게 넘어가면 안 되는데……. 할아버지가 원래는 할머니랑 둘이 해외여행을 다녀오려 했단다. 그래서 퇴직금 받은 것 중 일부를 스타트업에 투자했는데 그 회사가 수익을 크게 내고 아주 큰 회사로 성장하여 상장까지 했지 뭐냐."

"그 무슨 바이오 회사라고 하셨던 거 같은데……. 이번에 획기적인 다이어트 약 만들었다는 곳, 맞지요?"

엄마가 반색을 하며 말했어요.

"네가 바로 아는 걸 보니 굉장히 성공한 건 맞는 것 같구나. 그래서 이번에 투자자에게 일정 기준에 따라 수익을 나눠 주는 배당이란 걸 한다는데, 의외로 금액이 꽤 되더구나."

"그래서요, 아버님?"

엄마가 할아버지께 바짝 다가가며 물었어요.

"처음엔 너희 어머니랑 둘이서 해외여행을 갔다 올까 했는데, 너희 가족까지 같이 해외여행을 데리고 갈까 생각 중이란다. 이 정도면 민서가 노력한 보상으로 충분하겠지?"

"와! 할아버지 최고예요! 근데, 상장은 뭐고 스타트업은 뭐예요?"

"상장이란 회사의 주식을 일반 사람들이 살 수 있도록 증권시장에 올려놓는 걸 말해. 그걸 통해서 회사는 필요한 자금을 마련하지. 그 자금으로 연구도 하고 회사를 키워서 잘 되면 이익을 주주들에게 나눠 주고……. 스타트업은 주로 첨단기술 분야에서 갓 시작한 작은 기업을 말하는데, 요새 젊은이들이 새로운 기술을 개발해서는 스타트업을 많이 차린다고 하더라. 그야말로 영어의 뜻 그대로 새로 시작하는 거지. 신생기업이라고 할까?"

"와, 대박! 진짜 대박! 제 개인적인 보상이면 더 좋겠지만, 몇 년 만에 해외여행이라니……. 그걸로도 충분한 것 같아요. 할아버지 최고!"

민서는 한껏 들떠서 계속 떠들었어요.

"그런데 우리 어디로 가나요? 베트남, 일본, 필리핀, 타이……. 또 어디가 좋지?"

"그건 너희 엄마, 아빠랑 천천히 이야기해 보자꾸나. 어차피 네 연극제가 끝나야 갈 수 있을 것 같으니 말이다."

"네, 네, 할아버지! 역시 엄마, 아빠는 할아버지께 열심히 배우셔야겠어요. 할아버지처럼 제대로 투자를 하셔야죠! 망했다는 이야기하셔서 식구들 놀라게 하시지 마시고 말이에요."

"누나! 할아버지 가시고 나면, 어쩌려고 그래? 뒷일이 걱정되지도 않아? 엄마 화나면 엄청 무서우신데……."

민호가 급하게 민서를 말렸어요. 엄마의 매서운 눈초리를 느낀 민서가 엄마를 보며 말했어요.

"어, 어, 엄마! 제가 계약 지키는 걸 깜빡 잊고 있었네요. 집안일 어떤 것부터 하면 될까요? 제게 마구마구 시켜 주세요. 헤헤……."

민서의 갑작스런 호들갑에 가족들은 모두 어처구니없다는 듯이 웃고 말았습니다.

나오며

  '특명! 경제 뮤지컬 만들기'에 나오는 친구들과 함께하는 시간이 어떠셨나요?

  이 이야기를 쓰면서 어린 시절에 100원씩 모으던 돼지 저금통이 생각났습니다. 그리고 돼지 저금통이 묵직해지면 묵직해질수록 한껏 부풀었던 기대감도 기억났습니다. 정작 모았던 돈으로 무엇을 했는지는 기억이 나지 않지만, 동전 하나하나 모으면서 가졌던 기대감이 떠올라서 살짝 미소가 지어졌습니다.

  경제활동 관련된 낱말 앞에는 '현명한'이라는 낱말이 자주 덧붙여지곤 합니다. '현명한 소비', '현명한 투자'처럼 말이에요. 그만큼 합리적인 경제활동이 중요하다는 뜻이겠지요. 어떤 사람도 경제의 흐름을 정확하게 예측할 수는 없습니다. 하지만 계획도 없이 충동적으로 무분별하게 소비하거나 '모의 주식 게임' 편에서 나왔듯이 분위기에 휩쓸려 무작정 투자하는 등의 잘못을 범해서는 안 되겠지요? 그래서 어릴 적부터 용돈 기입장 등을 쓰며 지혜롭게 소비하고 투자하는 습관을 들이는 것이 아주 중요하답니다.

이 책에는 작으나마 그런 마음을 담아 보고자 했습니다. 여러분에게 잘 전달되었으면 하는 바람을 가져 봅니다. 그리고 이 책의 이야기에 등장하는 아이들처럼 자신들이 정한 목표가 있다면 크거나 작거나 포기하지 않고 노력하는 태도를 가진 사람으로 자랐으면 합니다.

마지막으로 이야기를 쓸 때 조언과 응원을 아끼지 않았던 우리 가족과 부족한 글이지만 늘 격려해 주시는 김옥희 대표님을 비롯한 '아주좋은날' 직원분들께 감사드립니다.

김성준

특명! 경제 뮤지컬 만들기

초판 1쇄 인쇄 2024년 10월 21일
초판 1쇄 발행 2024년 10월 28일

글쓴이 김성준 · 장미선
그린이 김성영
펴낸이 김옥희
펴낸곳 애플트리태일즈(아주좋은날)
편집   왕입분
디자인 안은정
마케팅 양창우, 김혜경

출판등록 2004년 8월 5일 제16-3393호
주소   서울시 강남구 테헤란로 201, 501호
전화   (02) 557-2031
팩스   (02) 557-2032
홈페이지 www.appletreetales.com
블로그   http://blog.naver.com/appletales
페이스북 https://www.facebook.com/appletales
트위터   https://twitter.com/appletales1
인스타그램 @appletreetales
       @애플트리태일즈

ISBN 979-11-92058-44-3 (74320)
ISBN 979-11-92058-41-2 (세트)

ⓒ 김성준 · 장미선, 2024
ⓒ 김성영, 2024

이 책의 무단전재와 무단복제를 금지하며,
책 내용의 전부 또는 일부를 이용하려면 반드시 애플트리태일즈(아주좋은날)의 동의를 받아야 합니다.

잘못 만들어진 책은 구입한 곳에서 바꿔드립니다.
값은 뒤표지에 표시되어 있습니다.

*아주좋은날*은 애플트리태일즈의 실용·아동 전문 브랜드입니다.

어린이제품 안전특별법에 의한 기타 표시사항

| 품명: 도서 | 제조 연월: 2024년 10월 | 제조자명: 애플트리태일즈 | 제조국: 대한민국 | 사용연령: 9세 이상 |

주소: 서울시 강남구 테헤란로 201, 5층(02-557-2031)